U0026572

60秒變身
60-Second Genius
Planet Earth

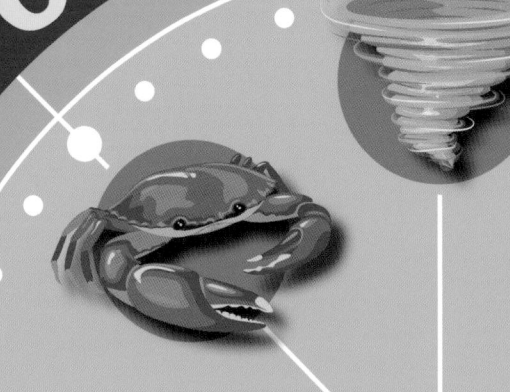

地球科學小天才

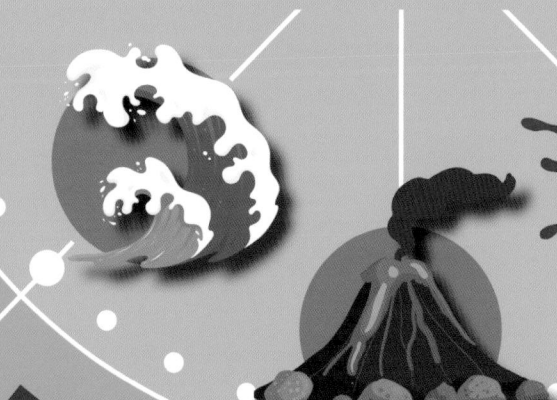

1分鐘
掌握重點
知識！

敘述簡單扼要，圖解清晰易懂，學習變得有趣又快速！

強・理查茲 Jon Richards 著

洪夏天 譯

商周教育館 57

60 秒變身地球科學小天才

作者—— 強・理查茲 （Jon Richards）
譯者—— 洪夏天
企劃選書—— 羅珮芳
責任編輯—— 羅珮芳
版權—— 吳亭儀、江欣瑜
行銷業務—— 周佑潔、黃崇華
總編輯—— 黃靖卉
總經理—— 彭之琬
事業群總經理—— 黃淑貞

發行人—— 何飛鵬
法律顧問—— 元禾法律事務所王子文律師
出版—— 商周出版
台北市 104 民生東路二段 141 號 9 樓
電話：(02) 25007008・傳真：(02)25007759
發行—— 英屬蓋曼群島商家庭傳媒股份有限公司城邦分公司
台北市中山區民生東路二段 141 號 2 樓
書虫客服服務專線：02-25007718；25007719
服務時間：週一至週五上午 09:30-12:00；下午 13:30-17:00
24 小時傳真專線：02-25001990；25001991
劃撥帳號：19863813；戶名：書虫股份有限公司
讀者服務信箱：service@readingclub.com.tw
城邦讀書花園：www.cite.com.tw
香港發行所—— 城邦（香港）出版集團
香港灣仔駱克道 193 號東超商業中心 1F
電話：(852) 25086231・傳真：(852) 25789337
E-mail: hkcite@biznetvigator.com
馬新發行所—— 城邦（馬新）出版集團【Cite (M) Sdn Bhd】
41, Jalan Radin Anum, Bandar Baru Sri Petaling,
57000 Kuala Lumpur, Malaysia.
電話：(603) 90578822・傳真：(603) 90576622
Email: cite@cite.com.my

封面設計—— 林曉涵
內頁排版—— 陳健美
印刷—— 韋懋實業有限公司
經銷—— 聯合發行股份有限公司
電話：(02)2917-8022・傳真：(02)2911-0053
地址：新北市 231 新店區寶橋路 235 巷 6 弄 6 號 2 樓

初版—— 2022 年 8 月 4 日初版
定價—— 450 元
ISBN—— 978-626-318-325-4

（缺頁、破損或裝訂錯誤，請寄回本公司更換）
版權所有・翻印必究　　　Printed in Taiwan

60-Second Genius: Planet Earth
Copyright © Welbeck Children's Limited, part of Welbeck Publishing Group
Complex Chinese Translation copyright © 2022 by Business Weekly Publications, a
division of Cité Publishing Ltd.
Published by arrangement with Welbeck Publishing Group Limited through The PaiSha
Agency
ALL RIGHTS RESERVED

國家圖書館出版品預行編目 (CIP) 資料

60 秒變身地球科學小天才／強・里查茲（Jon Richards）
著；洪夏天譯. -- 初版. -- 臺北市：商周出版：英屬蓋曼
群島商家庭傳媒股份有限公司城邦分公司發行, 2022.08
　面；　　公分. -- （商周教育館；57）
譯自：60-Second Genius: Planet Earth
ISBN 978-626-318-325-4（精裝）
1.CST：科學教育 2.CST：初等教育

523.36　　　　　　　　　　111008362

線上版回函卡

60秒變身

地球科學小天才

目錄

*每看完一個主題就打個勾勾。數一數,你總共挑戰完幾個主題了呢?

第一章

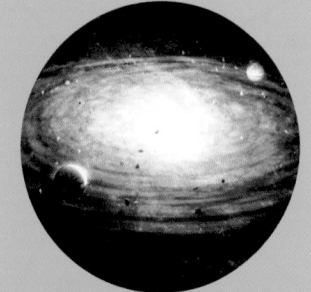

地球的形成與結構

第二章

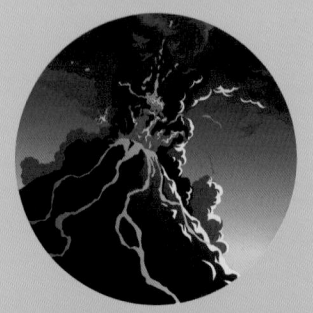

不斷改變的地球

第三章

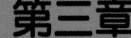

岩石與礦物

 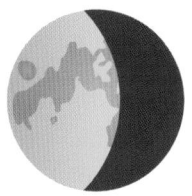 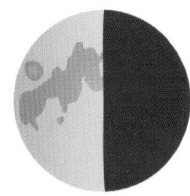 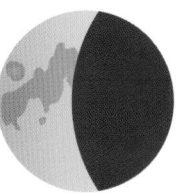 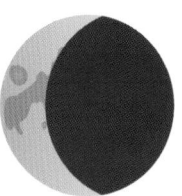 

第四章

藍色行星

第五章

大氣

第六章

生氣蓬勃的
地球

地球

地球約在45億年前成形，隨後漸漸發展成一個令人驚嘆的世界。地球內部有數種強大的力量，拉扯推擠上方的地殼，讓地表不斷變化，形成山脈，分裂陸塊，打造全新的陸地。

地球外圍的一層氣體，提供生物與生命所需的氧氣，並在太陽的幫助下形成各種天氣現象。

我們的地球看似非常廣大，但它仍是顆相當脆弱的行星。過去150年來，地球氣候的改變對世界各地的棲地造成威脅，危及住在這些地方的生物，讓許多物種瀕臨滅絕。

第一章

地球的形成與結構

太陽系家族

許多行星、矮行星、彗星和其他石塊繞著太陽公轉，組成一個大家庭，我們的地球就是其中一員。

太陽

與銀河系的其他恆星相比，太陽只是顆小黃矮星，但它是太陽系中最大的物體。太陽占了整個太陽系99.8%的質量。

岩石行星

太陽系中比較靠近太陽的四顆行星分別是水星、金星、地球和火星，它們的尺寸偏小，主要由岩石構成。其中只有地球和火星有天然衛星。地球有1顆衛星（月球），火星有2顆衛星。

水星

金星

地球

火星

氣態巨行星和冰巨行星

太陽系中離太陽比較遠的四顆行星都是由氣體和冰組成的大型球體。木星和土星是氣態巨行星，因為它們主要由各種氣體組成，而天王星和海王星的主要成分是冰，被稱為冰巨行星。這四顆行星周圍都有行星環，共有超過200顆衛星。

木星

海王星

天王星

土星

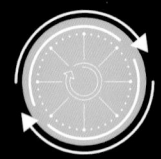

地球的年紀有多大？

共有**8**顆行星和無數顆的岩石、冰塊繞著太陽公轉，地球只是當中的一顆行星。太陽系約在**45**億年前形成。

話說從頭

科學家把地球的年代分成數個不同長短的時期，將範圍廣大的年代進一步劃分為較短的時間單位，從最長到最短分別是：宙、代、紀、世、期。

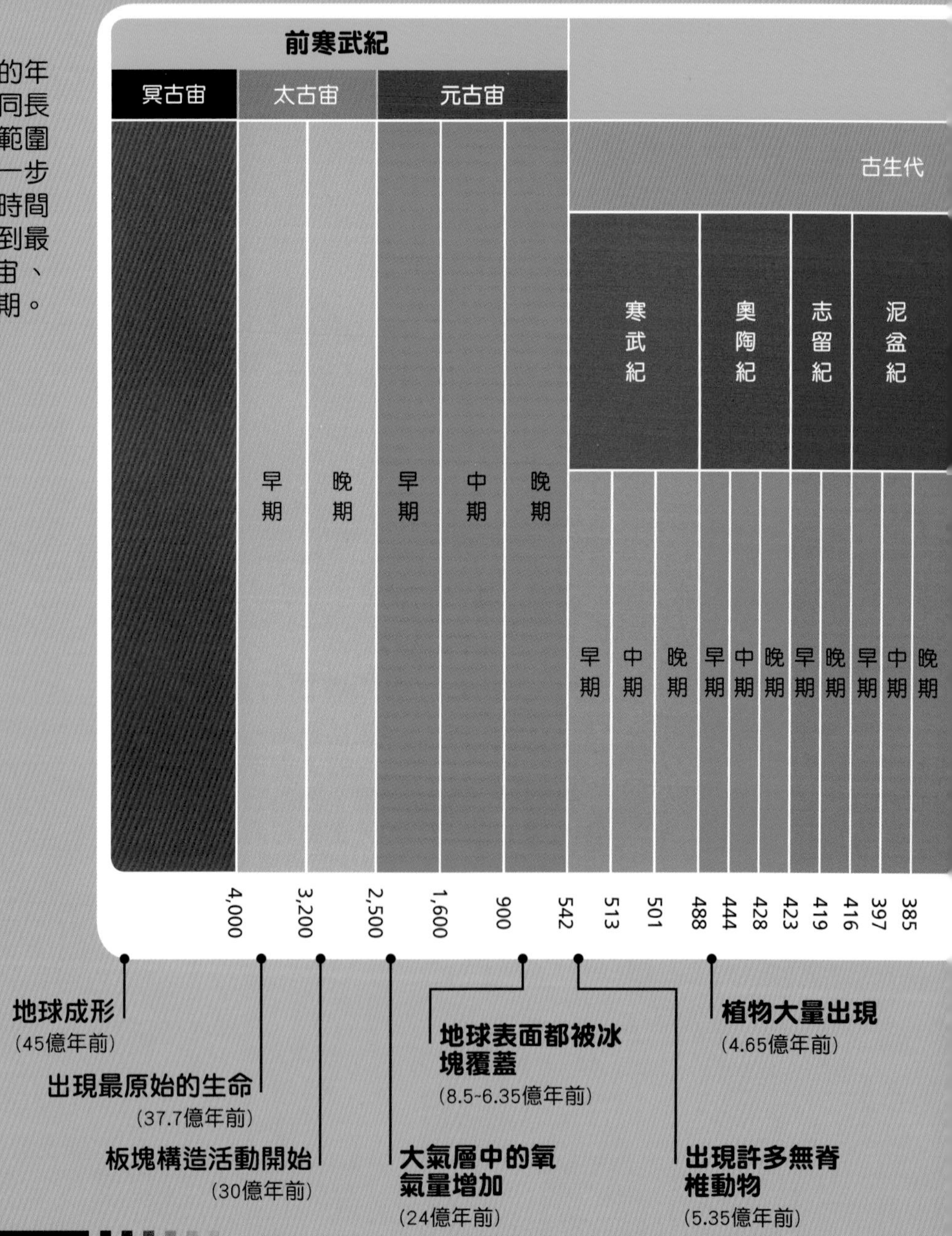

前寒武紀						古生代			
冥古宙	太古宙		元古宙			寒武紀	奧陶紀	志留紀	泥盆紀
	早期	晚期	早期	中期	晚期	早期 中期 晚期	早期 中期 晚期	早期 晚期	早期 中期 晚期

| 4,000 | 3,200 | 2,500 | 1,600 | 900 | 542 | 513 | 501 | 488 | 444 | 428 | 423 | 419 | 416 | 397 | 385 |

地球成形
(45億年前)

出現最原始的生命
(37.7億年前)

板塊構造活動開始
(30億年前)

大氣層中的氧氣量增加
(24億年前)

地球表面都被冰塊覆蓋
(8.5-6.35億年前)

出現許多無脊椎動物
(5.35億年前)

植物大量出現
(4.65億年前)

加拿大西北地區
大奴湖附近發現的阿卡斯塔片麻岩約為
40.3億歲，
是地球上最古老的岩塊之一。

我們如何得知地球的年齡？

科學家估算地殼岩石的年代，並與太陽系其他天體的岩石樣本比較，比如月球、小遊星、墜落地表的隕石等，藉此計算地球的年齡。

宙： 顯生宙

代： 中生代、新生代

紀：

密西西比紀	賓夕法尼紀	二疊紀	三疊紀	侏儸紀	白堊紀	第三紀		第四紀
						古第三紀	新第三紀	

世：

古新世	始新世	漸新世	中新世	上新世	更新世	全新世

期： 早期、中期、晚期

MYA* 值：

345、326、318、311、306、299、271、260、251、248、245、228、200、176、161、145、99.6、65.5、61.0、55.8、49.0、41.3、34.0、28.5、23.0、16.4、11.2、5.3、3.6、2.4、0.8、0.01、現在

* MYA：距今？百萬年

事件標記：

- 陸地上首次出現爬蟲動物（3.2億年前）
- 形成盤古大陸（3億年前）
- 二疊紀大規模滅絕事件（2.52億年前）
- 哺乳動物首次出現（2.2億年前）
- 植物演化出花朵構造（1.3億年前）
- 恐龍滅絕（6,600萬年前）
- 現代人類出現（約20萬年前）

行星的形成

超過45億年前，太陽系原是以圓盤狀繞著中央一團物質旋轉的氣體、灰塵和岩石所組成。那團物質就是太陽的前身。

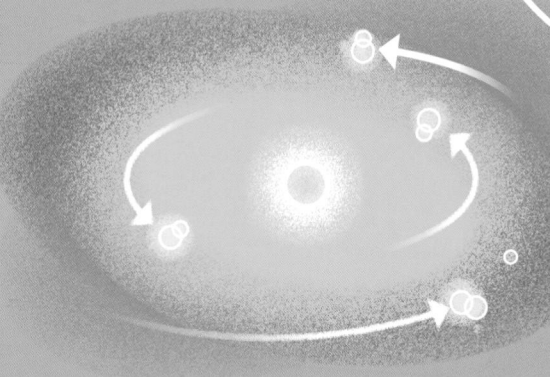

1.太陽開始燃燒

隨著時間過去，太陽系中央的團狀物變得愈來愈龐大，受它的重力所吸引的物質也愈來愈多。最終重力變得太過強大，溫度過高，團狀物中央開始發生核融合反應，以熱與光的形式釋放大量能量——太陽大放光明！

2. 漸漸變大的團狀物

太陽開始燃燒後，許多比較輕的氣體往外逸散，剩下團狀的岩塊繼續繞著新生恆星運轉。

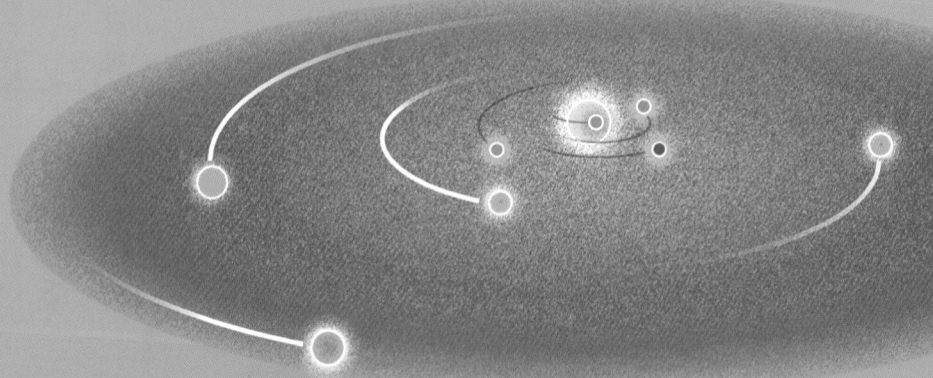

3. 原行星

這些團狀物的重力吸引愈來愈多的岩石與灰塵，變得愈來愈大，這樣的過程稱為吸積。這個慢慢變大的團狀物稱為原行星，也就是現在行星的祖先。

4. 太陽系

最靠近太陽的四個行星由岩石組成，體積較小，
而比較外圍的四個行星體積較大，主要由氣體和
冰組成。

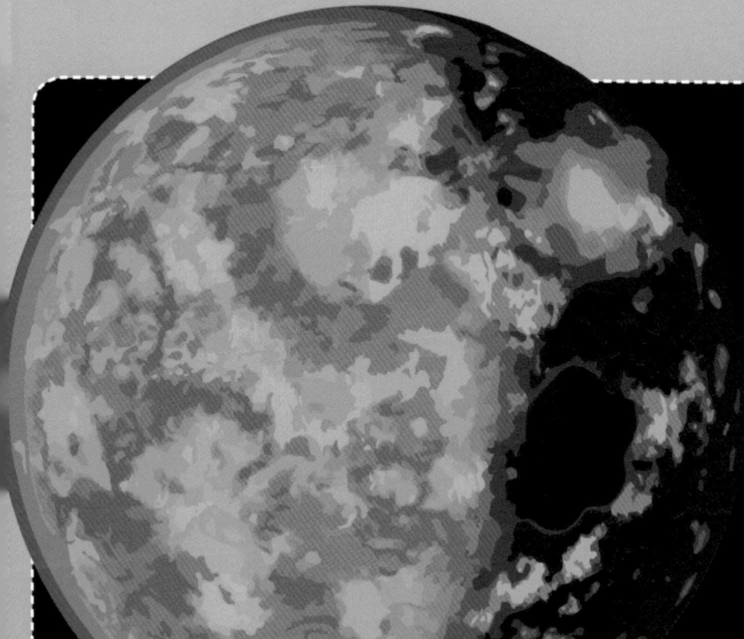

危險的地方

太陽系最初是非常危
險的地方。來自外太空
的物體不斷轟炸地球，
猛烈地撞擊地面，使得
地球極為炎熱，四處都
被熔岩覆蓋。重力將比
較重的物體拉向地心，
形成富含金屬的地核，
比較輕、金屬含量較低
的岩石，則留在比較靠
近表面的地方。

我們在太空的位置

地球是太陽系由內往外數的第三顆行星,最靠近太陽的是水星和金星。地球所在的位置讓它得以成為一顆獨一無二的行星:就我們所知,地球是宇宙唯一有生命的地方!

地球的軌道

地球循著橢圓型的軌道繞太陽公轉,與太陽的平均距離是149,600,000公里。

光得花上8分鐘的時間,才能從太陽抵達地球。

同時,地球以107,218公里的時速移動,也就是說地球繞太陽一周的時間是365天再多一點。這就是為什麼我們每隔四年就會有一個閏年。

地球繞著太陽公轉

地球

半徑:**6,371公里**

日長:**23.9 個小時**

轉軸傾角:**23.4 度**

赤道圓周:**40,030.2公里**

表面積:**510,064,472 平方公里**

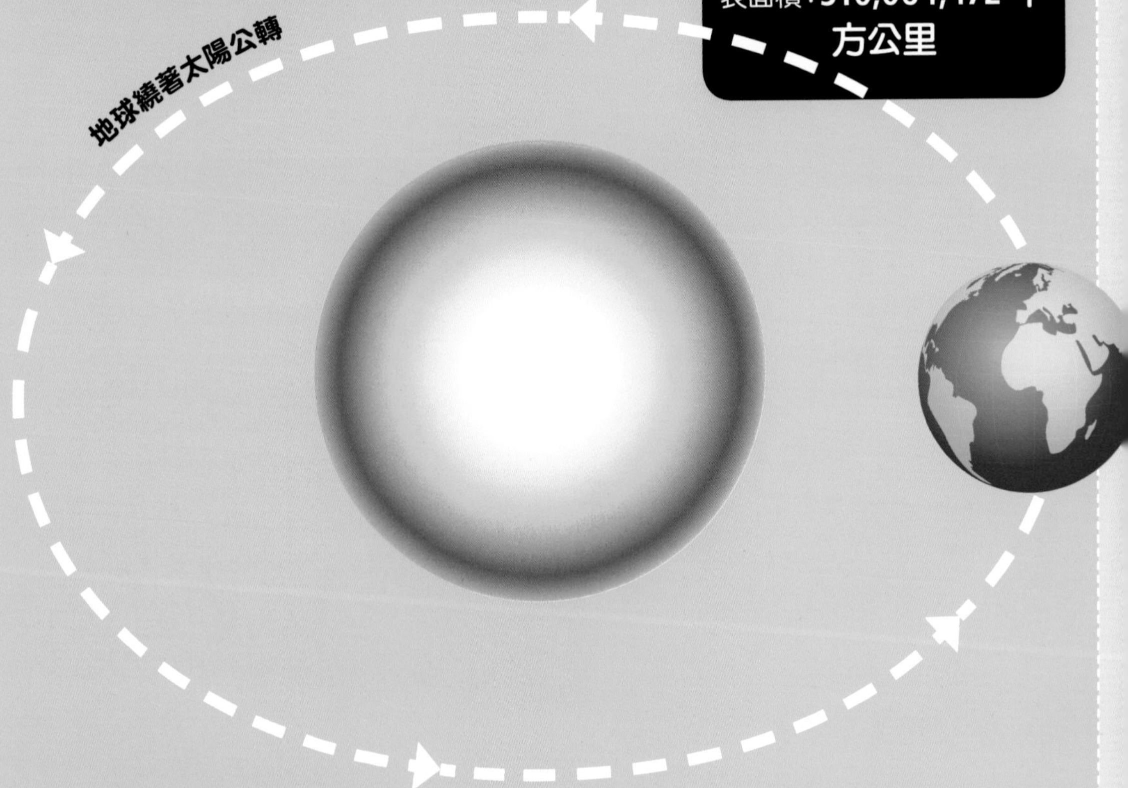

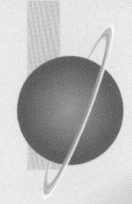

天文學家把地球與
太陽之間的距離稱
為1「天文單位」，
他們也用這個單位
計量太陽系和外太
空的空間。

太冷

適居帶

太熱

適居帶

地球運行的軌道讓它得以位居太陽系的特殊位置，天文
學家稱這個區域為適居帶、宜居帶或古迪拉克區。就像
童話故事《三隻小熊》中的主角金髮女孩古迪拉克偏好
冷熱適宜的燕麥粥，適居帶既不太熱也不太冷，恰到好
處，讓液態水可以存在於地球表面。有了液態水才能孕
育生命，它也會幫忙形塑地貌。

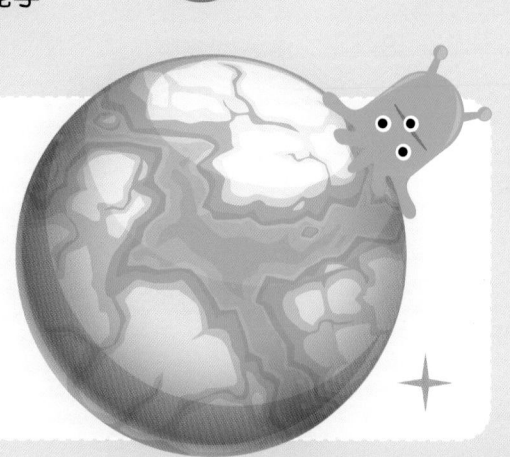

系外行星

天文學家發現遠方有些行星可能位在不同恆
星星系的適居帶。其中一顆行星是克卜勒
186f，科學家認為它的表面可能也有液態
水，因此，那兒也許有外星生物。

受到攻擊的地球

經過危險的太陽系初期後，情況漸漸平穩，很少有大型物體擊中地球。不過每隔一陣子，就會有一顆比較大的小遊星或是彗星撞擊地球，引發毀滅性的後果。

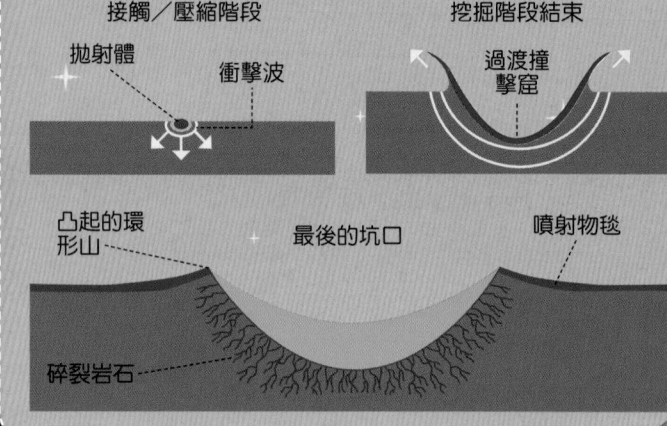

強烈衝擊！

大型物體進入地球的大氣層時不會燃燒殆盡，會以驚人力道撞擊地球表面。灼熱的溫度會讓岩石熔化，衝撞力會讓熔岩四處飛散，形成一個環狀的凹洞，也就是隕擊坑。

接觸／壓縮階段
拋射體
衝擊波

挖掘階段結束
過渡撞擊窟

凸起的環形山
最後的坑口
噴射物毯

碎裂岩石

滅絕事件

最知名的天體撞擊地球事件，大概就發生在6,600萬年前，當時一顆相當於一座山大小的岩塊撞上地球，落在現今的墨西哥猶加敦半島。撞擊引發的爆炸激起濃濃的氣體與灰塵，擋住了陽光，造成大量植物死亡，也改變了後來的氣候。這場慘烈的事件讓恐龍就此滅絕。

流星

地球的大氣層保護我們免於遭到小型太空物體撞擊。它們在進入大氣層後會燃燒，在抵達地表前就已燃燒殆盡。這些流星可能會在夜空中留下長長的尾巴。

衝擊地球

每一天都有來自外太空、總計超過100公噸的各種岩屑，以灰塵或砂石的大小落到地球表面。每一年都會有一個相當於一輛車大小的物體在穿過大氣層時起火燃燒，在高空中形成火球。每2,000年，會有一個相當於足球場大小的物體擊中地球，造成大規模破壞。每隔數百萬年，會有一個非常巨大的物體擊中地球，造成大型滅絕事件。

我們至今發現的隕石中，
最大的是位於納米比亞的霍巴隕鐵，
它重達

66公噸。

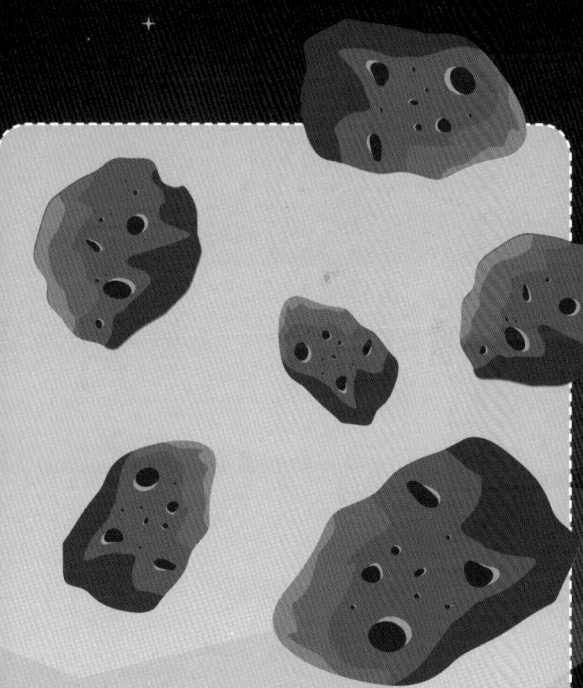

好險！

有些物體從地球近處飛掠而過，若離地球的距離在750萬公里內，而且尺寸夠大，即可被歸類為「潛在危險天體」。天文學家會密切觀察它們是否會擊中地球，還是無害地掠過。

月球

科學家認為在45億年前有個物體撞上地球，月球就在那時形成。這場撞擊造成許多岩屑飛散，在地球周圍形成一個環帶。隨著時間過去，這些岩屑漸漸聚合，形成月球。

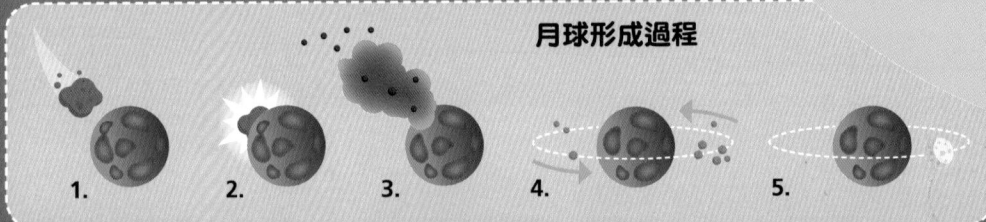

月球形成過程

1.   2.   3.   4.   5.

控制潮汐漲落

月球的重力把地球的海洋往它的方向拉，讓地球兩端的海洋隆起。同時地球不斷自轉，於是海面隨相對位置改變而隆起和下降，形成每天的潮汐漲落。有時太陽和月球的重力相加，形成讓海面漲得特別高的大潮；也可以讓海面降得特別低，稱為小潮。

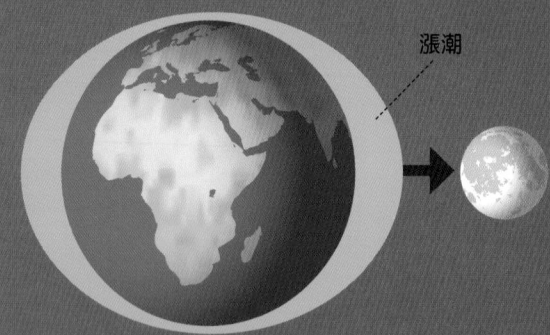

漲潮

月相

月球繞行地球的同時也會自轉，因此在地球上的我們，永遠只看得到月球的一面。月球繞地球轉的同時，太陽照亮月球表面，隨著被照亮的區域大小改變，我們看到的月球會出現陰晴圓缺。這些變化就稱為月相。

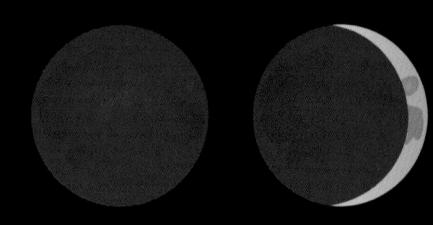

月球

與地球的平均距離：

384,400公里
赤道半徑：
1,737.5公里
赤道圓周：
10,917公里
表面積：
37,936,694.79
平方公里

高地區域

月海

月球有自己的大氣層，我們稱為外氣層，它非常稀薄且無法供生物呼吸。

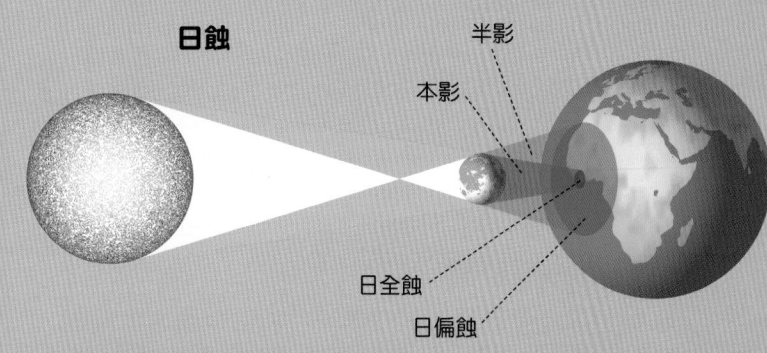

日蝕　半影
本影
日全蝕
日偏蝕

日蝕與月蝕

從地球往外看，太陽和月球好像一樣大。有時月球會經過太陽前方，擋住陽光，產生日蝕。有時地球會經過太陽和月球中間，讓陽光無法照亮月球，產生月蝕。

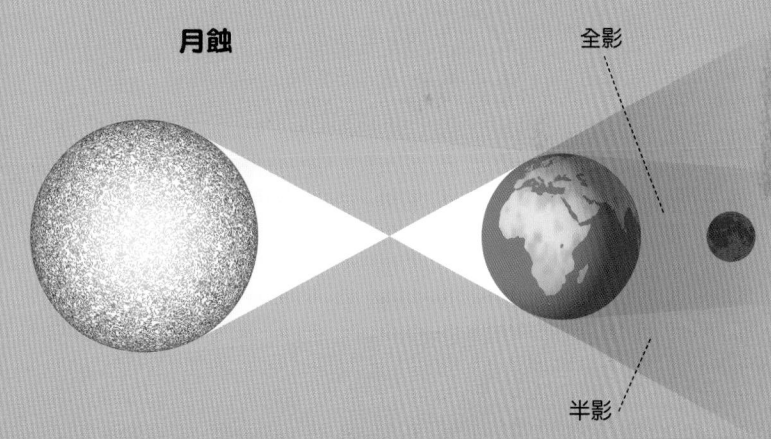

月蝕　全影

半影

海洋和山脈

從地球看向月球，月球表面有些區域比較陰暗，有些區域比較明亮。陰暗區域叫做月海，是月球熔岩流出表面時形成。比較明亮的區域是高地和山脈，在陽光照耀下散發光芒。我們也看得到許多隕擊坑，是數百萬年來受各種物體撞擊而形成。

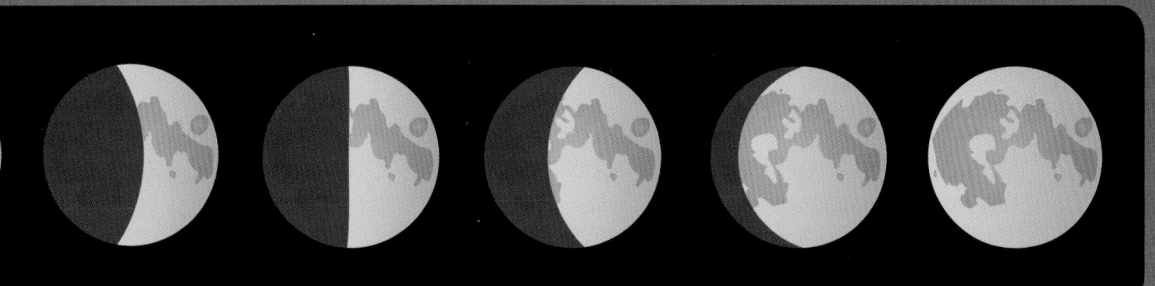

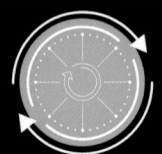

地球裡面有什麼？

各種強大力量在地球深處運作，加熱金屬和岩石，讓它們的溫度超過熔點；但它們同時也承受龐大壓力，因此大部分仍保持固態。

地心的核反應

地函深處有鈾等放射性物質，衰變時會散發熱能，加熱地球內部，進一步產生引發板塊活動、形塑地表的力量。

地核

地球的核心由金屬構成，主要是鐵和鎳。內核心是一顆固態的金屬球，外核心則是液態。

地函

地函有大量的鐵，溫度非常高，會像濃稠的焦油般流動。地函呈漩渦狀的流動方式會拉動上方的地殼，讓地殼裂開，形成巨大的岩板。

地殼

地殼分為海洋地殼和大陸地殼。海洋地殼形成海床，只有8公里厚，由玄武熔岩組成。大陸地殼形成地球的陸地，有時厚達70公里，由各式各樣的岩石組成。

下部地函約為
2,220公里厚，
溫度高達
攝氏3,000度。

地殼最厚的地方，
也只有**70公里**厚。

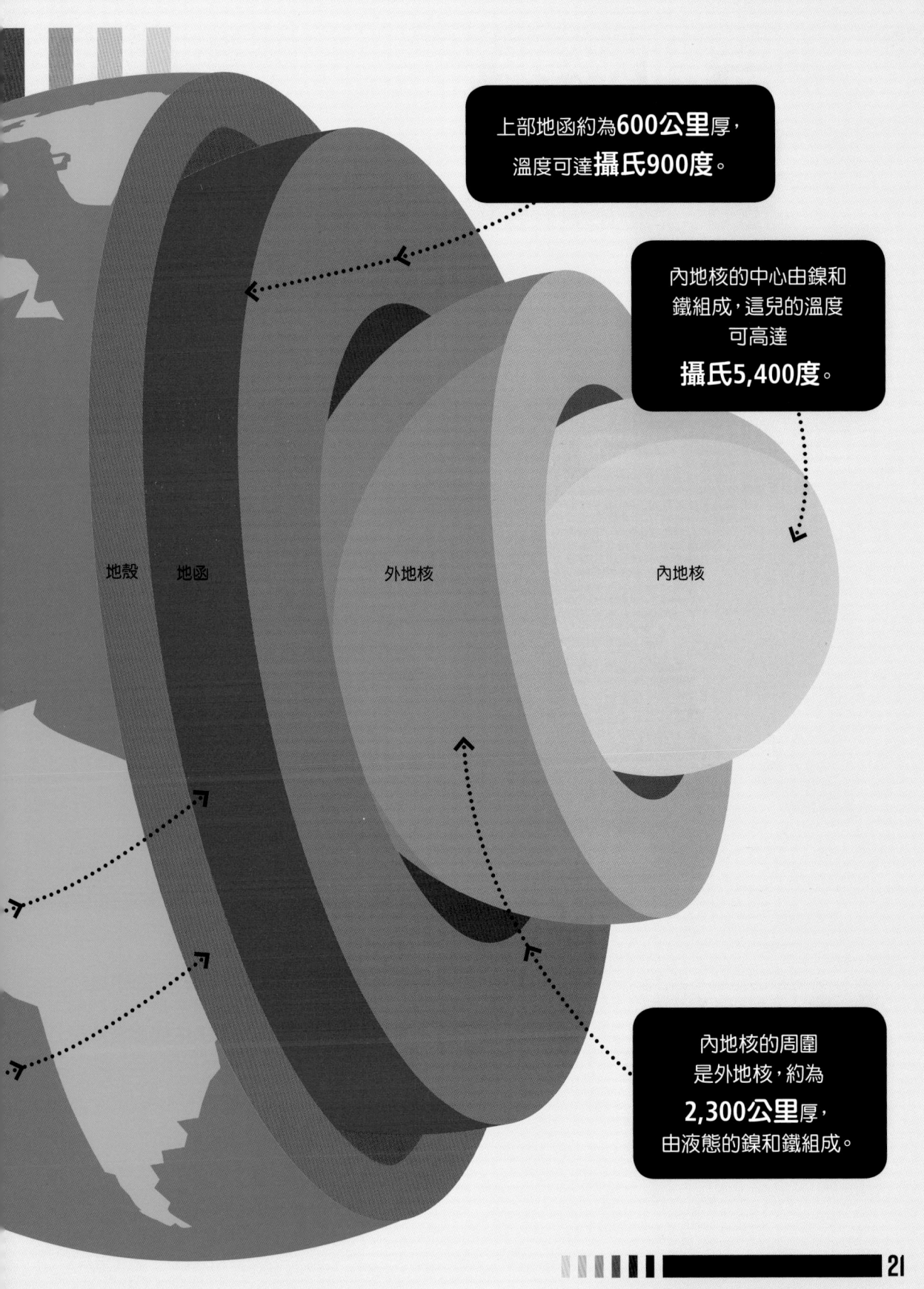

上部地函約為**600公里**厚，
溫度可達**攝氏900度**。

內地核的中心由鎳和
鐵組成，這兒的溫度
可高達
攝氏5,400度。

地殼　　地函　　　　　　　外地核　　　　　　　　　　　　內地核

內地核的周圍
是外地核，約為
2,300公里厚，
由液態的鎳和鐵組成。

外地核的液態金屬不斷流淌攪動，在地球周圍產生一個磁場。這個磁場保護我們不受太陽的有害輻射危害，幫助我們找到方向，還製造出令人驚豔的極光秀。

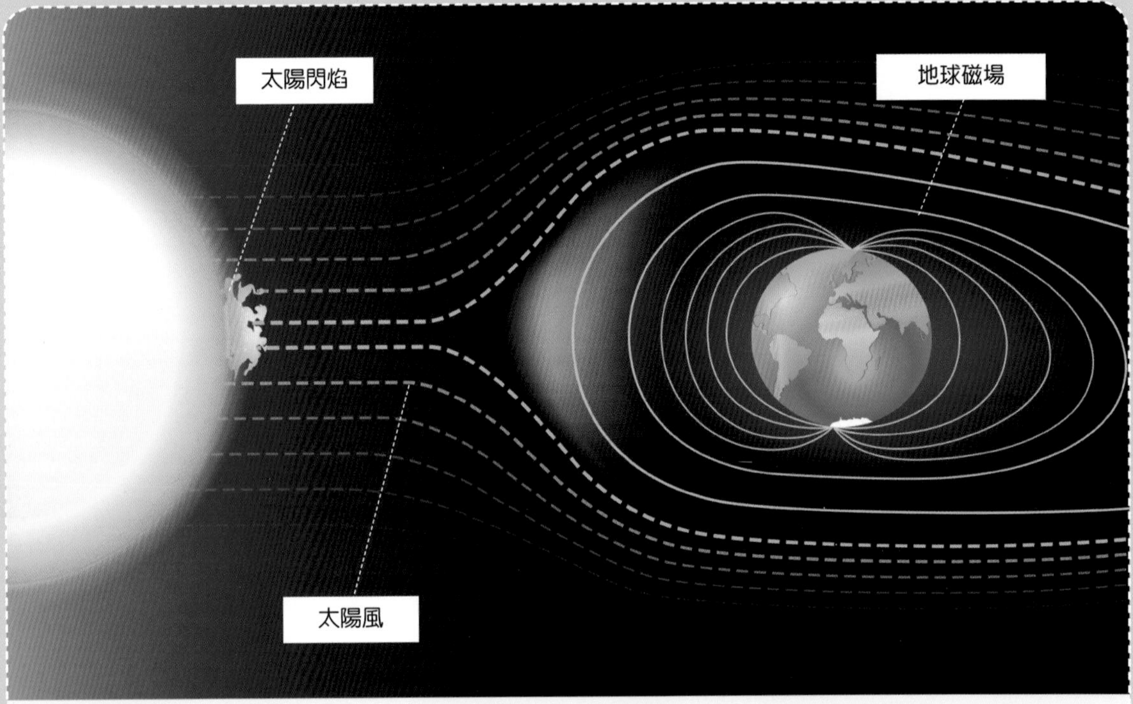

太陽閃焰

地球磁場

太陽風

地球磁場

外地核的金屬不斷攪動，再加上地球自轉，讓地球周圍產生巨大的磁場。就像所有的磁場一樣，地球也有兩個磁極：北極和南極。地球磁場探入太空，形成磁層。

磁層

磁層保護我們避開來自太陽的帶電粒子，也就是太陽風，它會破壞為我們阻擋有害紫外線的臭氧層。太陽風會擠壓向陽面的磁層。

閃爍的夜空

磁層讓地球周圍的帶電粒子偏轉，朝向磁極附近的地區。在這些地區，帶電粒子會與空氣分子產生反應，引發我們稱為極光的閃爍彩色光束。

移動的磁極

其實，地磁兩極與地理上的極區位置不完全一致，而且地磁兩極會移動，有時一年移動多達40公里。每40萬年左右，兩極還會徹底對調。新生岩石的磁性粒子排列方向會與古老岩石相反，形成顯示磁極方向的條紋。

羅盤

具有磁性的羅盤會對齊地球磁場，指向地磁北極。地磁對調後，接下來數百年間，羅盤指針會指向不同方向，最後再固定下來指向南極，而不是北極。

第二章

不斷改變的
地球

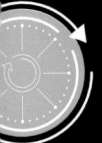

劇烈變動的世界

地球隨時隨地都在變化，只是我們不一定會察覺。有時這些變化進行得非常緩慢，時間長達數百萬年，有時則會引起帶來劇變的突發事件。

地函岩流

地核

地殼

攪動的岩流

地函的對流會推擠、拉扯上方的地殼。地函雖是固態，但長期來看，它仍如同液體般有所移動。岩板拉力是讓地殼移動的主要原因之一，指的是溫度較低、較為古老的板塊沒入較為年輕的板塊下方，陷進地函中。這個活動可引發非常駭人的事件。

火山

熔岩從地球表面噴發而出時，就會形成火山。

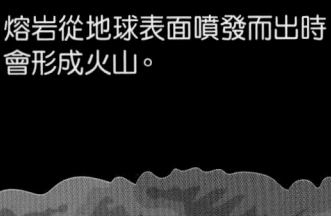

地震

發生地震時，地面會突然搖晃起來，這是地殼的兩個巨大板塊彼此摩擦，瞬間釋放巨大能量所造成。

板塊構造

地殼並不是完整一塊，而是分成好幾大塊的板塊，它們會彼此撞擊、摩擦，也會分裂。

分裂的地球表面

95%的地表由七大板塊組成，剩下的是數個比較小的板塊。

璜帝富加板塊

加勒比板塊

科克斯板塊

納茲卡板塊

太平洋板塊

蘇格夏板塊

北美板塊

面積：**75,900,000平方公里**

北美板塊涵蓋大部分的北美洲和冰島，有大陸地殼，也有海洋地殼。

南美洲板塊

面積：**43,600,000平方公里**

南美洲和大部分的大西洋南部都位在這裡，這兒的板塊活動非常頻繁，形成綿延雄偉的安地斯山脈鏈和許多火山。

歐亞板塊

面積：**67,800,000平方公里**

此板塊位處歐洲和大部分亞洲下方，喜馬拉雅山脈也位在此處，它是歐亞與印度板塊碰撞的結果。

（北美板塊）

阿拉伯板塊

印度板塊

菲律賓板塊

太平洋板塊

面積：**103,300,000平方公里**

位於太平洋下方，以海洋地殼為主，也有幾個面積較小的大陸地殼，比如紐西蘭和一部分的加州。太平洋板塊周圍幾乎被一圈由眾多火山形成的火山鏈包圍，稱為環太平洋火山帶。

澳洲板塊

南極洲板塊

非洲板塊

面積：**61,300,000平方公里**

此板塊涵蓋非洲和西西里島，並沿著從紅海延伸到肯亞之間的東非裂谷緩緩裂開。

印澳板塊

面積：**58,900,000平方公里**

數百萬年前，印度板塊和澳洲板塊漸漸合而為一，形成印澳板塊。但有些科學家仍把它們視為分開的兩個板塊。

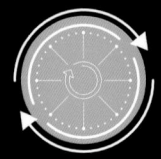

陸塊的變化

地殼板塊移動時會連帶拉扯陸地,在數千萬甚至數億年間,一步步改變地球的樣貌。

盤古大陸　原始大洋

距今3.35億年前

超大陸

距今約3.35億年前,地球只有一大塊陸地,形成一個巨大的超大陸,我們稱它為盤古大陸。盤古大陸被一個巨大的海洋包圍,稱為原始大洋。

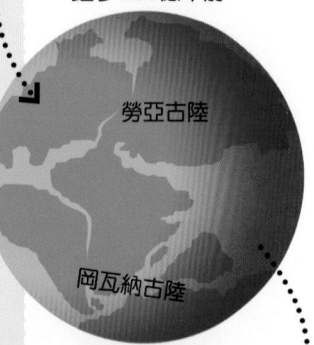

勞亞古陸

岡瓦納古陸

距今2億年前

分裂

約莫在2億年前,盤古大陸分裂為兩塊大陸,北邊是勞亞古陸,南邊則是岡瓦納古陸。

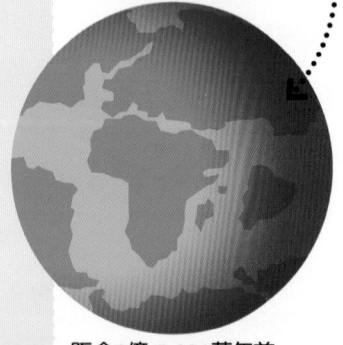

距今2億~5,000萬年前

形成各洲

接下來的1億5,000萬年間,兩個古老大陸分裂成較小的陸塊。勞亞古陸分裂成北美洲和歐亞大陸,兩者中間形成大西洋。岡瓦納古陸分裂成南美洲、南極洲、印度和澳洲。

北美洲

面積:

24,709,000平方公里

占全球陸地比例:

16.5%

南美洲

面積:

17,840,000平方公里

占全球陸地比例:

12.0%

現今的世界

今日的世界地圖呈現六大主要陸塊：北美洲、南美洲、非洲、歐亞大陸（歐洲和亞洲）、澳洲和南極洲。

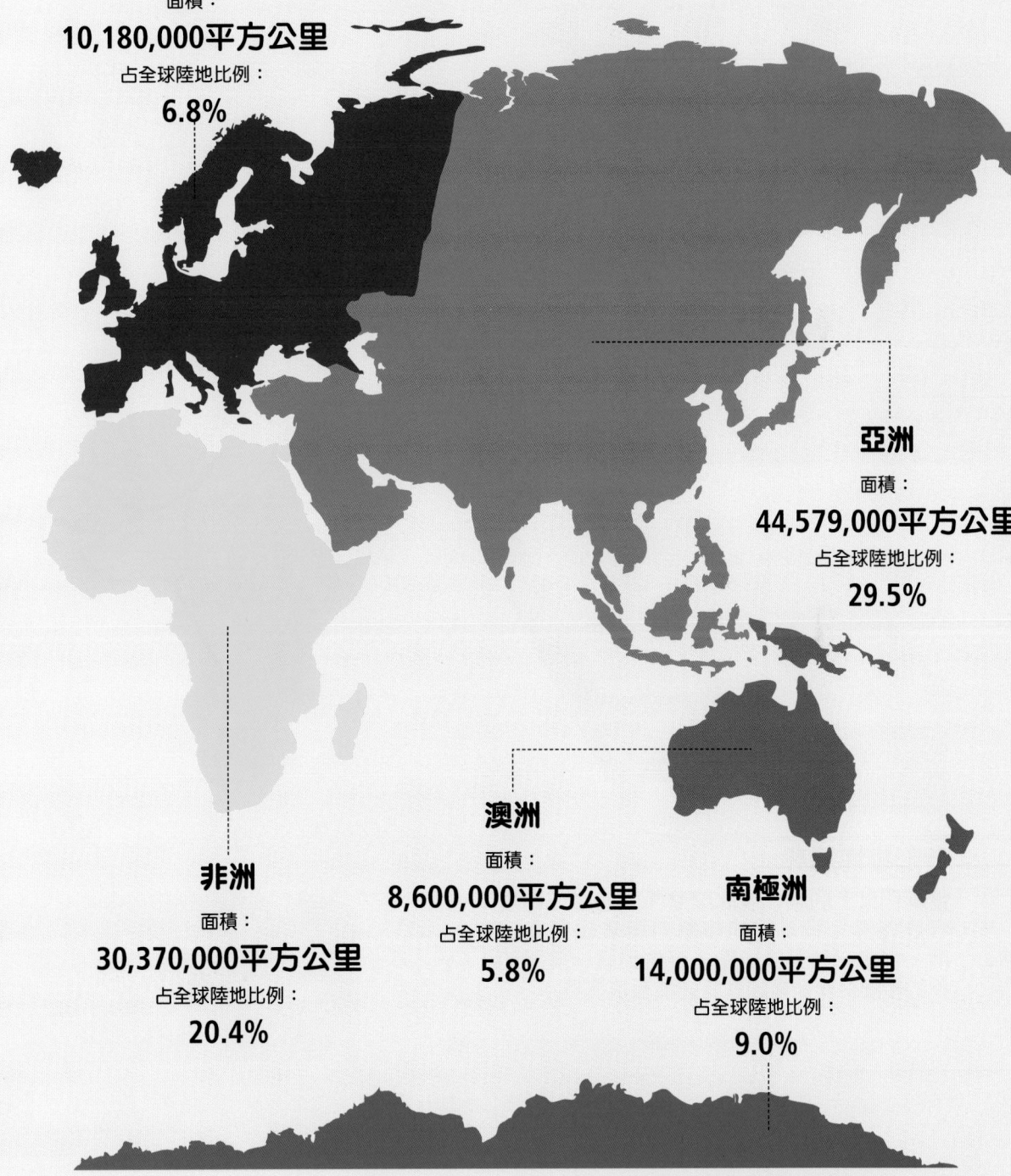

歐洲

面積：
10,180,000平方公里

占全球陸地比例：
6.8%

亞洲

面積：
44,579,000平方公里

占全球陸地比例：
29.5%

非洲

面積：
30,370,000平方公里

占全球陸地比例：
20.4%

澳洲

面積：
8,600,000平方公里

占全球陸地比例：
5.8%

南極洲

面積：
14,000,000平方公里

占全球陸地比例：
9.0%

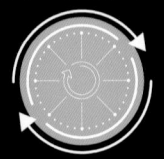

板塊邊界

兩個以上的板塊交接處稱為板塊邊界。在這裡,各種強大力量會拉開、撞擊或摩擦板塊,引發強大的毀滅性後果。

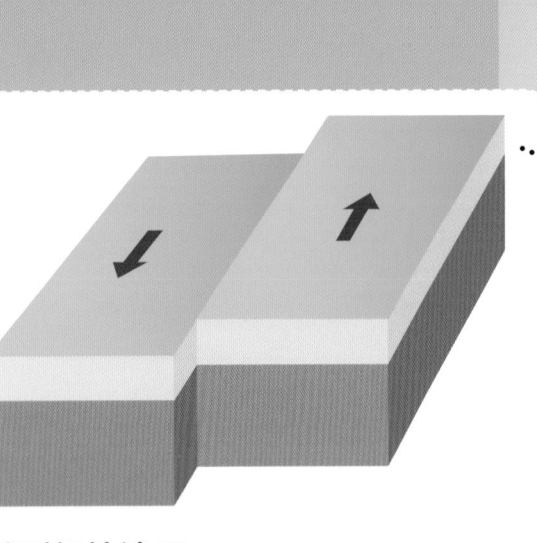

瑪帝富加板塊

轉形板塊邊界

當兩個以上的板塊彼此摩擦,就會形成轉形板塊邊界。板塊間的摩擦力可減緩摩擦速度,但會突然釋放能量,產生地震。美國加州的聖安得魯斯斷層就是這種板塊邊界。

大西洋盆地
正以每年**1~10公分**的速度擴張。

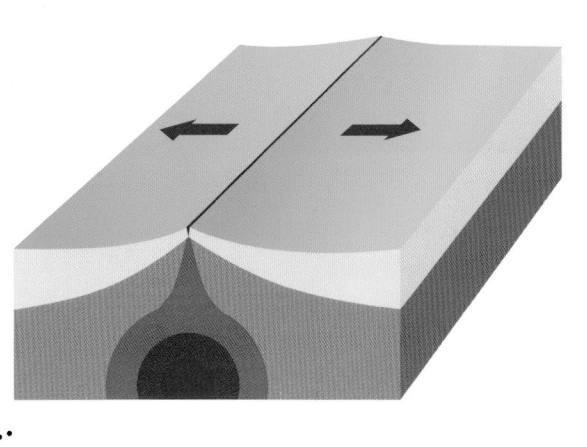

擴張邊界

兩個板塊被拉開時，形成擴張板塊邊界。隨著兩個板塊分開，岩漿在兩者中間向上湧出，形成火山，岩漿冷卻後就會形成長長的山脊。大西洋中洋脊就是如此，這是一道海底下的山脈，從北冰洋往下直到南冰洋，長達16,000公里，是地球上最長的山脈。

兩個大陸地殼相撞時，
它們會一起往上升，形成褶曲山脈。

聚合邊界

板塊互相碰撞的地區，稱為聚合邊界。當海洋地殼與大陸地殼相互撞擊，密度較高的海洋地殼會被往下推，陷進地函。板塊摩擦所產生的高溫能熔化岩石，有時也會產生地震，少許岩漿可能會湧出地表，造成火山噴發或形成一系列的火山鏈。南美的安地斯山脈，就是納茲卡板塊和南美板塊相互撞擊的結果。

有時摩擦力會阻止板塊移動。然而這股壓力會不斷累積,直到突然發生地震,釋放出壓力。

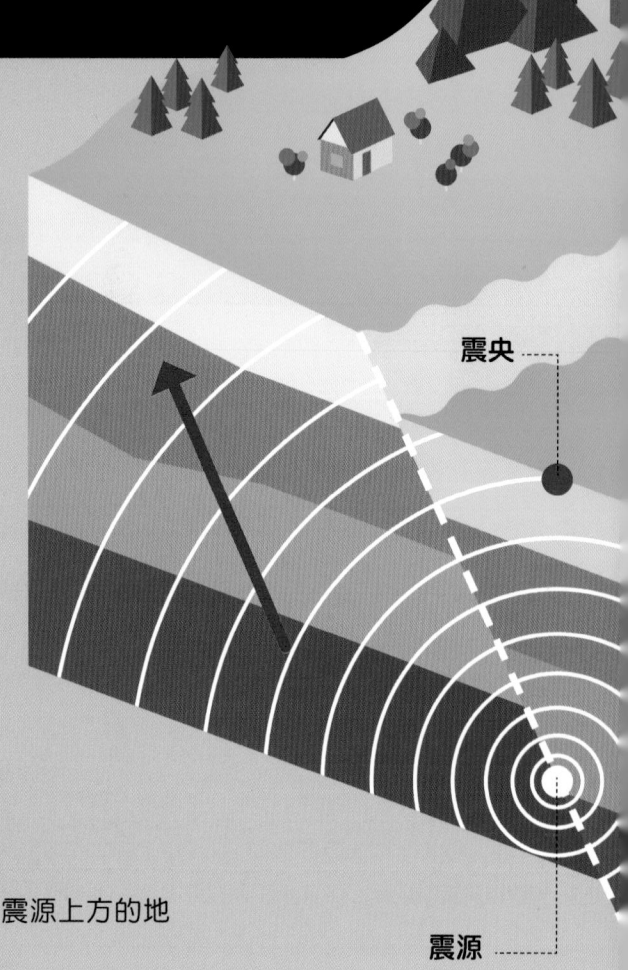

震央

震源

地震的成因

大部分的地震都發生於板塊邊界附近,也就是板塊互相摩擦的地方。但有時板塊中央也會出現地震。兩塊板塊沿著彼此滑動時,摩擦力會阻止它們移動,岩石內部累積的壓力因而逐漸增加。等到壓力過大,板塊就會突然移動並釋放出巨大能量,震波會像池塘中的水波一樣往外擴散。

地震中心

地殼中釋放地震能量的地方稱為震源,位在震源上方的地區稱為震央。

測量地震

地震的強弱稱為地震規模,按芮氏地震規模分為1~9。每增加一個規模,就代表地震強度增加10倍,因此規模8的地震,會比規模7的地震強10倍。

微震	輕震		弱震	中震
1.0~1.9	2.0~2.9	3.0~3.9	4.0~4.9	5.0~5.9

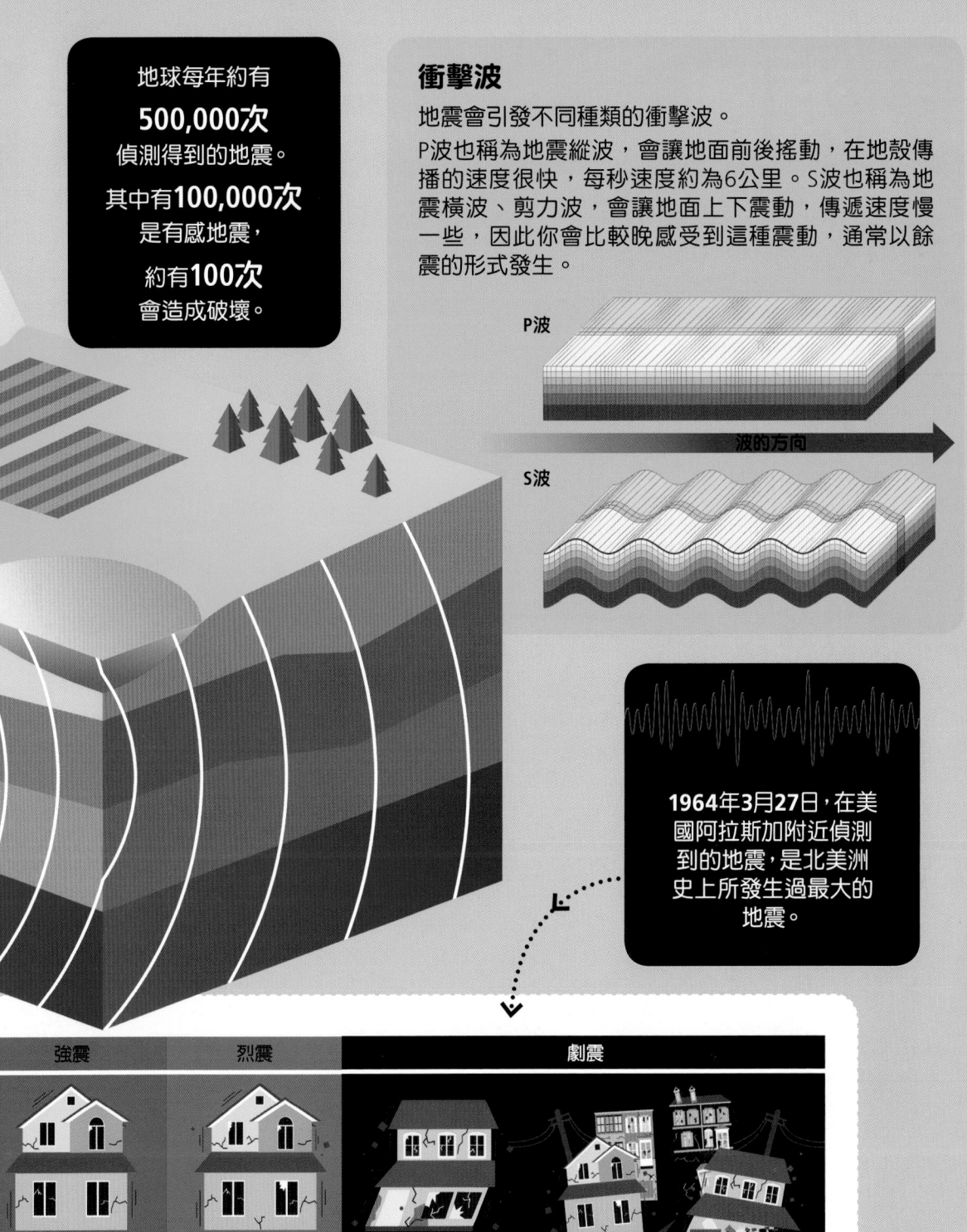

地球每年約有
500,000次
偵測得到的地震。

其中有**100,000次**
是有感地震，

約有**100次**
會造成破壞。

衝擊波

地震會引發不同種類的衝擊波。

P波也稱為地震縱波，會讓地面前後搖動，在地殼傳播的速度很快，每秒速度約為6公里。S波也稱為地震橫波、剪力波，會讓地面上下震動，傳遞速度慢一些，因此你會比較晚感受到這種震動，通常以餘震的形式發生。

P波

S波

波的方向

1964年3月27日，在美國阿拉斯加附近偵測到的地震，是北美洲史上所發生過最大的地震。

強震	烈震	劇震	
6.0~6.9	7.0~7.9	8.0~8.9	9.0 和以上

海嘯

當地震發生在海底時，可能會引發傳遍整個海洋的巨大浪潮，而湧起的海浪抵達陸地時會撞擊海岸，造成重大破壞。

遠離海岸的外海

當海底的板塊突然移動引發地震時，會使上方大量的海水移位，並從震央往外擴散。海嘯在深海的行進速度非常快，可高達每小時800公里，但它們的振幅，也就是高度，可能只有50~60公分高。

海嘯一字的英文 **tsunami** 來自日文的 **津波** 一詞發音。

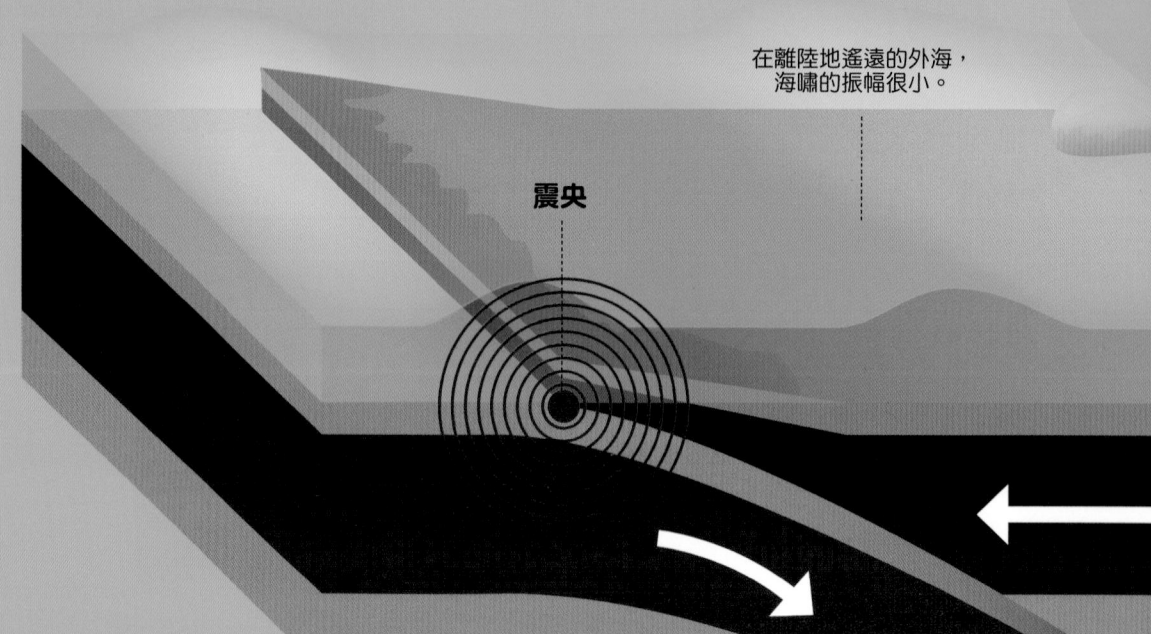

在離陸地遙遠的外海，海嘯的振幅很小。

震央

威力強大的海嘯

海嘯可從源頭行進數千甚至數萬公里，在世界的另一端造成嚴重災害。

1958年的一場地震，讓美國阿拉斯加的利圖亞灣出現驚人海嘯，溯上高度達到524公尺，岸上的樹林都被推倒，徹底摧毀了4平方公里的林地。

1883年8月印尼喀拉喀托火山爆發，引發高達35公尺的海嘯。

2004年，印尼蘇門答臘島附近發生一場地震，在印度洋引發了巨大海嘯，9公尺高的大浪在2小時內席捲印度和斯里蘭卡海岸，並抵達3,000公里外的非洲東岸。從泰國到索馬利亞，共計有200,000人喪命。

1960年代，智利周圍的海洋發生了一場劇烈地震，整個太平洋都出現海嘯，首次地震發生後15小時，海嘯抵達夏威夷，22小時後抵達日本。

愈靠近海岸，海浪就愈大。

逼近海岸

當海嘯漸漸靠近岸邊，海床產生的摩擦力會減緩海浪的行進速度。海浪的行進速度變慢時，高度會急劇增加。第一個波谷抵達岸邊，海水拉回，露出海床。接著強大的海浪撞擊海岸，把船隻推到內陸，將樹連根拔起，摧毀建築。接著海水又退回海中，造成更嚴重的破壞。

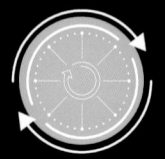

打造群山

地球板塊一直在活動，推高岩石形成高聳的山峰，有時只是一座獨立的山峰，有時則形成連綿不絕、長達數千公里的山脈。

夏威夷
夏威夷群島由聳立於太平洋上的火山形成。這些火山形成太平洋板塊的熱點。

南美洲

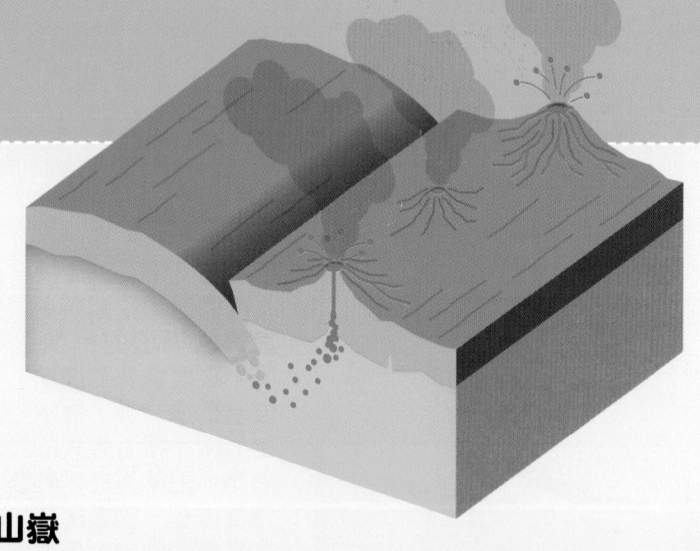

火山嶽

地表下方深處的熔融岩漿往上推，迫使上方的岩石隆起，形成山脈。有些地區，熔岩從地面噴發而出，形成火山。許多火山都位在聚合邊界附近，但板塊中間也會出現火山，這些地方的地殼比較薄，岩漿因此得以衝出地表。這些地方稱為熱點。

喜馬拉雅山脈

印度板塊和歐亞板塊相互撞擊，把兩個板塊之間原是海床的地殼往上推擠，形成喜馬拉雅山脈，這裡是地球上最高的山區。由於印度板塊持續往北推，因此喜馬拉雅山脈每年以大約**2.5**公分的速度隆起。

亞洲

非洲

印度

褶曲山脈

兩個大陸地殼相撞時，會產生皺褶並往上推，形成褶曲山脈。

東非裂谷

非洲和索馬利亞板塊漸漸分離，正在撕裂非洲東部的陸地，形成兩大山區：分別是西邊的密吞包山脈和魯文佐里山脈，以及東邊被雪覆蓋的肯亞山和吉力馬札羅山。

斷塊山脈

由於板塊運動將一整塊陸地往上推，或者兩個板塊漸漸分離，造成中間的陸地往下陷，而在兩端形成兩座山脈。

火山噴發

紅色炙熱的岩漿從地函往上推，直到衝出地殼，引發火山爆發，熔岩、氣體、火山灰和岩石都會一洩而出，覆蓋周圍地區。

火山種類

火山的種類由噴出的物體決定：

盾狀火山

如果熔岩比較稀，那麼在冷卻凝固前，它會流淌至較遠的地區，並形成一座坡度較緩且面積寬廣的火山，稱為盾狀火山。夏威夷的茂納開亞火山和茂納羅亞火山都屬於這種類型的火山。

裂縫噴發火山

熔岩有時會從長長的裂縫噴發而出，形成裂縫噴發口。

數層火山灰

岩漿流出

層狀火山

如果熔岩很濃稠，就不會在冷卻凝固前流淌至太遠的地方，並形成坡度陡峭的層狀火山，也稱為複合火山，因為它含有岩層和火山灰層。

火山內部

炎熱岩漿的密度比周圍岩石的密度低，因此會帶著被困住的氣體一起升到地表，造成上方的陸地隆起。當壓力過大時，熔岩、氣體、火山灰和岩石就會從裂口噴發而出。

火山灰雲

火山口

裂口

寄生火山錐

岩床

岩漿庫

岩蓋

火山威脅

除了燒灼的紅色熔岩外，火山還會釋放許多物體，造成各種危害：

· 火山碎屑流是由極為炎熱的石頭、氣體和火山灰形成的濃厚雲塊所組成，它以700公里的時速沿火山斜坡傾洩而下，將所到之處的一切物體都燒成灰燼。

· 火山噴發的威力會迫使大量的泥漿移位，形成火山泥流，並流洩到火山周圍各地，掩埋整座城鎮和村莊。

· 被火山拋出的大石塊稱為火山彈，它們會墜落在附近的村鎮。

· 火山灰裡含有小石屑和火山玻璃碎片。非常劇烈的火山噴發會帶來濃厚的火山灰，一旦吸入將對生物造成危害；它們還會落在建築物上，過重時就會壓垮房舍。火山灰也會危害空中的飛機，阻塞它們的噴射引擎，引發故障。

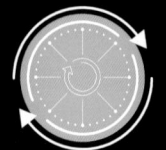
絕大多數的火山都位於板塊邊界或附近地區。在聚合邊界，當一個板塊被下推陷入地函時，岩漿會上升並衝出地表，形成火山。而在擴張邊界，兩個板塊漸漸分離時，岩漿也會上推，填補空隙。

夏威夷
群島

太平洋

環太平洋火山帶

地球上的活火山，**75%**都位在太平洋周圍。這個馬蹄狀的區域被稱為環太平洋火山帶，長達**40,000公里**，從紐西蘭往上延伸到亞洲、日本、橫跨白令海峽，再往下到北美洲、中美洲，一路延伸到南美洲。

熱點

有些火山離板塊邊界很遙遠，位於稱為熱點的地區。熱點所在的板塊移動時，會產生一座或一連串的火山，比如位在太平洋中央的夏威夷群島。

若從山的底部量起，夏威夷的茂納開亞火山其實比聖母峰還高。

茂納開亞火山

聖母峰

海平面

敘爾特塞島

1963年11月，離冰島海岸不遠的一座海底火山爆發了。數天後水面出現一個椎形物，形成被稱為敘爾特塞島的全新島嶼。如今，這座島的最高處超過海拔150公尺，科學家估計，接下來的100年，它都會高於海平面，直到被海水侵蝕夷平。

帕里庫廷火山

1943年，帕里庫廷火山爆發，出乎眾人意料。這兒原是一名農夫的玉米田，田中央的地面突然隆起形成一座火山。它活躍的時間長達9年，高度增為424公尺，摧毀超過230平方公里的土地。

超級火山

有些地方的岩漿從地函上升，但沒辦法衝出地表。地下的岩漿一再累積，形成巨大的岩漿庫，一旦壓力過大，就會噴發而出，形成巨大的超級火山。可幸的是，這種事件極少發生，科學家認為過去3,600萬年來，只發生過42次超級火山爆發事件。

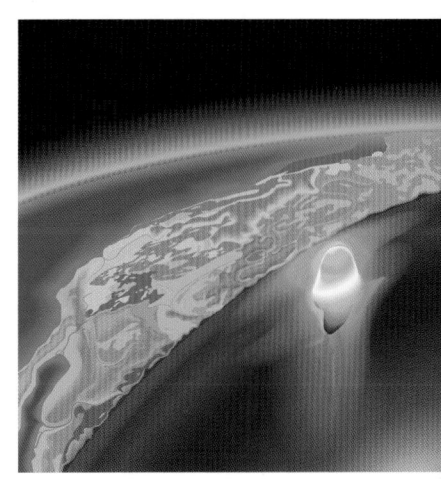

美國懷俄明州黃石公園下方有個巨大的岩漿庫。

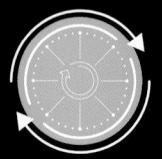

溫泉與間歇泉

當地表的水往下滲透，穿過岩石，接觸到炙熱的火山岩，有時會引發壯觀的景象。

間歇泉

如果溫泉的水流回地表的管道受限，水就會在地表下聚集累積壓力，直到壓力夠大時，滾燙的熱水就會因高壓而噴出地表，形成我們稱為間歇泉的天然噴泉。

溫泉

雨水滲透岩石往下流，會被地下的火山岩加熱。熱水升向表面的途中若沒有任何阻礙，就會形成一潭溫熱的水池，稱為溫泉。這些溫泉周圍有時會出現五彩繽紛的礦物，它們都是溫泉從地底流出後沉積下來的。

泥漿溫泉

聚積在地表低窪地區的水，有時會被來自地底的蒸氣加熱，產生硫化氫氣體。微生物以這些氣體為養分時會製造硫酸，土壤中的黏土遭硫酸融化，就形成一池冒泡的泥漿。

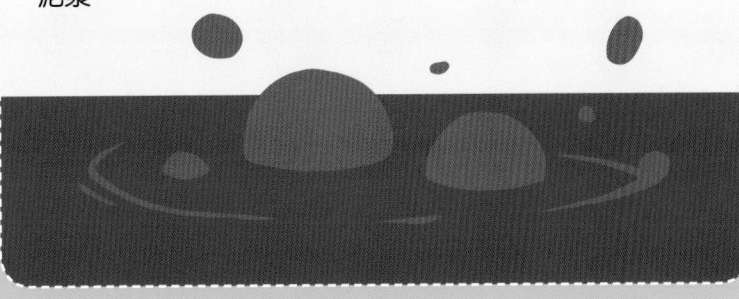

噴氣孔

如果地底下的水還沒升到地表就已經被煮沸，就會形成噴氣孔。這些水蒸氣從噴氣孔衝出地表，發出汽笛般的聲音或嘶嘶聲。

蒸氣船間歇泉位於美國懷俄明州的黃石國家公園，這是世上最大的間歇泉，可噴出超過

100公尺高的蒸氣和水。

石灰華階地

如果溫泉噴出時經過石灰岩，水就會在上升途中溶解岩石中的碳酸鈣，帶到地表後再沉積，形成顏色鮮豔的階地和一池池的水窪。

善加利用

有些國家利用溫泉與噴氣孔的熱能來發電。冰島超過四分之一的電力都來自地熱發電廠。

第三章

岩石與礦物

硬岩

我們身邊隨處可見各種岩石和礦物，這兩類物質組成了地殼。岩石則是由擁有特定化學結構的礦物所構成。

元素

地球上約有90種天然形成的元素。許多元素會與其他元素作用，組成化合物，比如氧和氫結合形成水。有些元素（比如金）不太會與其他元素產生反應，它們通常以單純形式存在。

礦物

礦物是固態的化合物，通常具有結晶狀結構，各種礦物結合在一起，形成地球表面的岩石。例如，花岡岩就包含石英、長石、雲母等礦物。

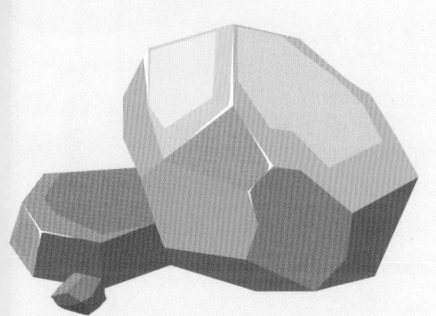

金屬

金屬是表面光亮、可導電和導熱的元素。許多金屬會與其他元素起反應，產生稱為金屬礦石的礦物。以鐵為例，鐵和氧結合形成氧化鐵，也就是鏽。

晶體

當礦物排列成規律的幾何形狀，就會形成晶體，通常在熔岩或溶解的礦物凝固時形成。

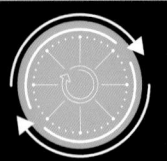

岩石週期

地球上的岩石看起來像是永遠都呈現相同的狀態，但它們其實會隨著板塊運動的過程不停改變。各種外力會將它們從一種岩石轉變為另一種岩石，形成周而復始的循環。

岩漿

岩石種類

岩石主要分成三大類：

火成岩－由冷卻的熔岩形成。

變質岩－曾被高熱和／或高壓改變結構的岩石。

沉積岩－微小粒子被擠壓在一起所形成的岩石。

噴發與侵入

地下深處的高溫熔化岩石，形成岩漿。岩漿有時會朝著地表上升，冷卻後在地下形成固態的火成岩塊，也可能直接噴發到地表，冷卻後就成了固態的岩石。

熔化

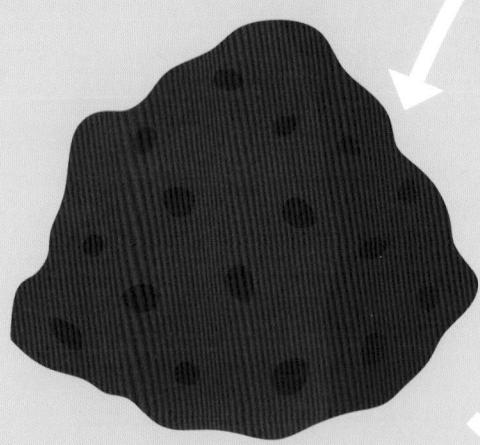

火成岩

風化與侵蝕

風、雨、水流、高低溫，乃至植物的生長等作用，都會將岩石分解成微小石礫，接著再被帶往別的地方。這個過程稱為風化與侵蝕，會讓遭到掩埋的岩石裸露出來。

熔化

只要溫度夠高，所有的岩石都會熔化，
形成岩漿，再次經歷新的岩石週期。

高溫與高壓

地底下的岩石承受著極高的溫度
與強大的壓力。這些作用會改變
岩石的化學結構，形成全新的變
質岩。

上推與下壓

板塊活動會讓巨大的岩石移動，將
一些岩石拉進地表下方，這種現象
稱為隱沒作用；也會將一些岩石上
推，稱為隆起作用。

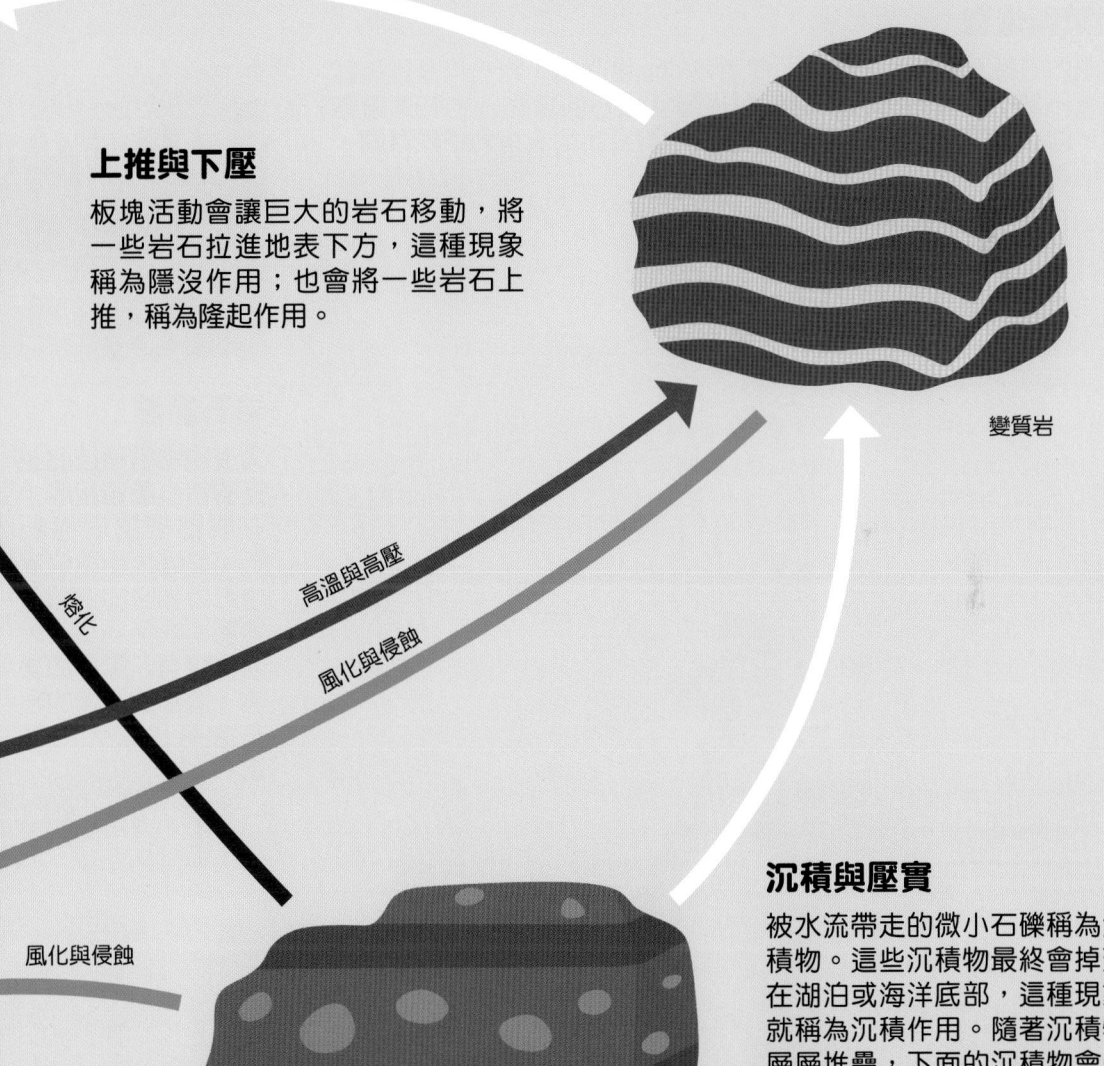

熔化

高溫與高壓

風化與侵蝕

變質岩

風化與侵蝕

沉積與壓實

被水流帶走的微小石礫稱為沉
積物。這些沉積物最終會掉落
在湖泊或海洋底部，這種現象
就稱為沉積作用。隨著沉積物
層層堆疊，下面的沉積物會受
到擠壓，形成堅硬的沉積岩，
這就是所謂的壓實作用。

沉積岩

地下深處，高溫熔化岩石，形成岩漿。岩漿冷卻後變成固體，形成火成岩。

岩漿與熔岩

地函內的壓力非常大，因此即便這兒的溫度極高，岩石仍會維持固態。不過一旦壓力降低，或者有水降低岩石的熔點，岩石就會熔化，以岩漿的形式上升至地殼。如果岩漿衝出地殼來到地表凝固，就稱為熔岩。

岩石晶體

火成岩由各種彼此相連的微小晶體組成，形成堅硬的固態岩石。晶體大小取決於岩石凝固時的位置及速度。快速冷卻的火成岩會有非常小的晶體，冷卻速度慢的岩石會有比較大的晶體。

侵入岩或噴出岩？

在地下形成的火成岩，稱為侵入岩。它們冷卻的速度通常很慢，因此會產生較大的晶體，如花岡岩和輝長岩。在地表形成的火成岩稱為噴出岩。它們的冷卻速度通常較快，因此會形成較小的晶體，如黑曜岩和玄武岩。

美國懷俄明州的魔鬼塔就是火成侵入岩，因上方岩石遭到侵蝕，才露出地表。

火成過程

火成岩往上推穿過一層層地殼時，會形成各種形狀不一的火成岩。

當火山口內的岩漿冷卻變硬，就會形成火山栓。

岩層之間會形成凸起的小丘，稱為岩蓋。

薄岩床推擠上下的岩層。

當熔岩從岩石的垂直裂縫上推，就會形成岩脈。

岩漿形成巨大凸起物，稱為岩基或岩盤，有時直徑長達數百公里。

其他岩石遭到侵蝕後會形成石礫落在地上，而生物遺骸也會在地上堆積，當這些層層堆疊的物體被擠壓在一起，產生膠結作用，長期下來就會變成堅硬的沉積岩。

從移動到膠結作用

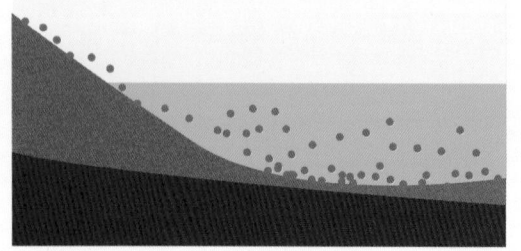

1. 風或水將岩石分解成碎石礫，把它們帶到別的地方。

2. 這些石礫終究會落在河川、湖泊或海洋的底部。

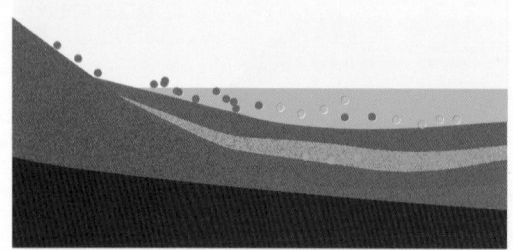

3. 經過數百萬年，沉積物層層堆疊。上層沉積物的重量會往下壓，這個過程稱為壓實作用。

4. 壓實作用會擠出沙礫間的水分，形成晶體。這些晶體會把無數沙礫結合在一起。這個過程就叫膠結作用。

層層堆疊

沉積岩是由沉積物長時間累積而成，因此具備明顯的層次與紋理。地質學家會利用這些紋理判定岩層形成的年代，檢視各岩層曾受到何種地質活動影響而彎曲或斷裂。

較年輕的岩石

較古老的岩石

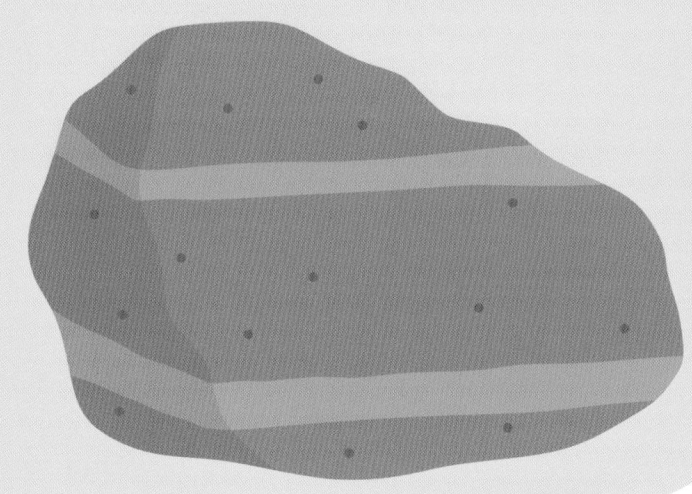

砂岩

非常細碎的沙屑膠結在一起就會形成砂岩。

石灰岩和白堊

溶解在海水中的石灰形成方解石，而有些石灰岩由方解石的沉積物組成。其他的石灰岩由海中微小生物的骨骼和外殼形成，它們不斷在海床沉積，數百萬年後形成岩石。

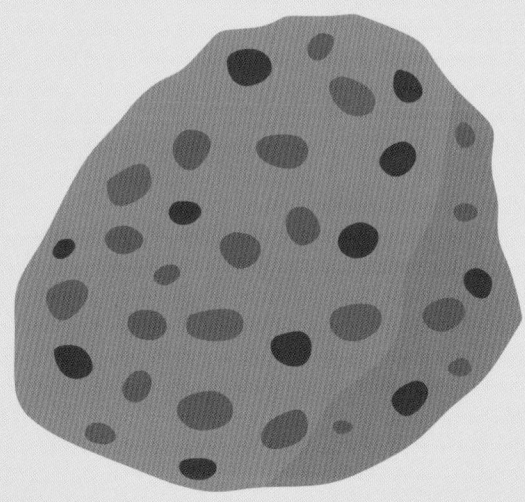

礫岩

大小不一的大卵石經膠結作用結合在一起後形成礫岩。它們也被稱為圓粒岩，因為這些大石頭看起來就像甜點中的果粒。

煤

植物遺骸浸水後有時不會腐敗，反而不斷累積，長期下來形成一層泥炭。如果這些泥炭受到掩埋與壓實，經歷數百萬年，就會漸漸變成煤。

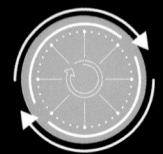

化石的形成

化石指的是被保留在沉積岩裡，並變成岩石的生物遺骸或痕跡。
化石有時要花上數千年甚至數百萬年才會成形。

變成化石

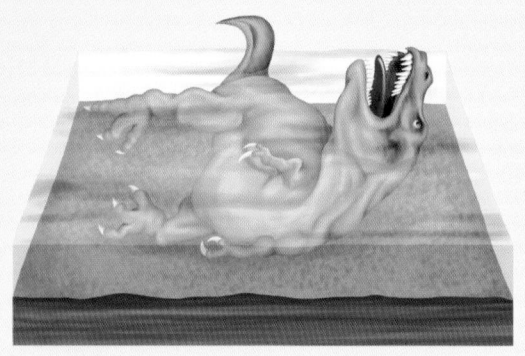

1. 生物死亡後，牠們身上的軟組織會被食腐動物吃掉，或者開始腐敗。

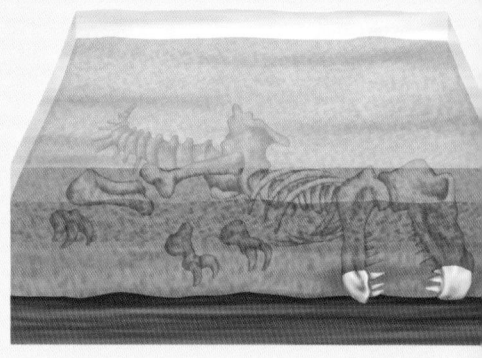

2. 泥漿或砂等沉積物掩埋生物遺骸。

4. 水分滲入生物遺骸，礦物質逐漸沉積，將生物遺骸變成石頭。

5. 周圍的石頭不是隆起就是遭到侵蝕，化石露出。

聖母峰是世界最高峰，人們曾在聖母峰的頂端附近，發現海中生物的化石。

變成化石的糞便

動物糞便變成化石後就稱為糞化石。這些保存下來的糞便，能告訴科學家它們來自何種動物，以及這些動物曾吃過什麼食物，像是其他動物的屍體或植物的葉子和種子。

生痕化石

生物不只會在死後留下遺骸作為存在過的證明，也會在活著時留下一些印記，比如在泥土上留下皮膚紋路、羽毛或腳印。這些印記形成的石頭，就稱為生痕化石，能夠告訴我們與生物相關的許多資訊。

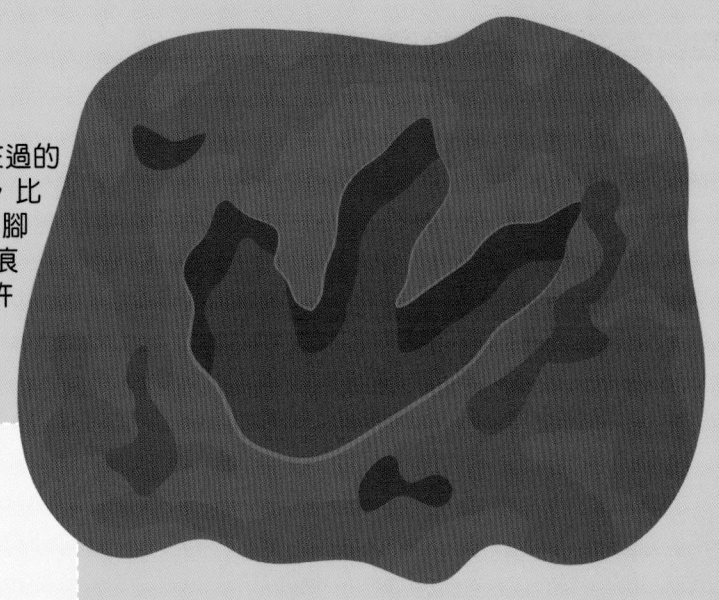

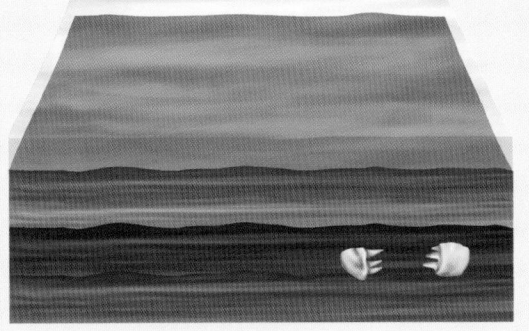

3. 上方的沉積物愈積愈多，下方的沉積層漸漸變成沉積岩。

我們通常只會在沉積岩中找到化石，因為火成岩和變質岩都是經過高溫與高壓形成，而化石無法在高溫高壓的環境中保存。

精微的細節

有些動物化石保留了令人驚嘆的細節，比如史前昆蟲身上脆弱的翅膀，和某些恐龍身上的羽毛。科學家在羽毛化石中發現細胞殘骸，我們也許能從中獲得更多線索，拼湊出有羽恐龍的外觀顏色。

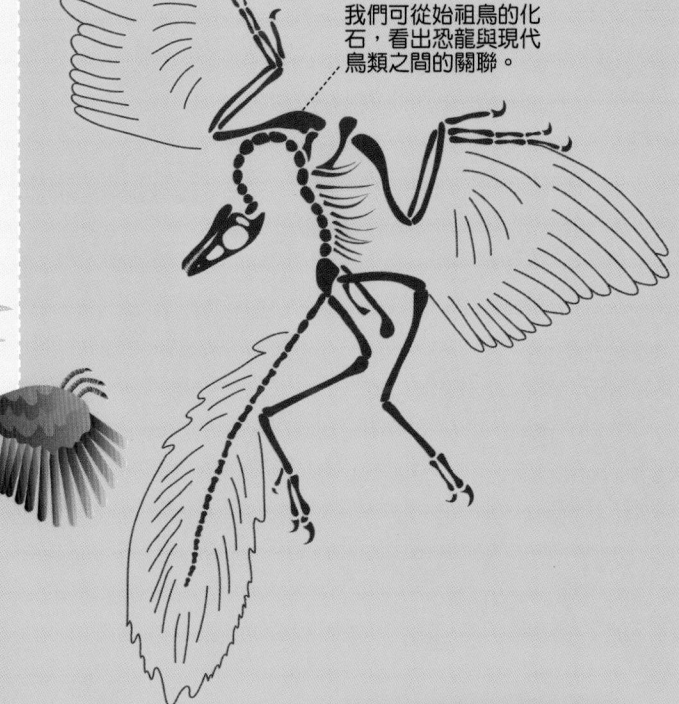

我們可從始祖鳥的化石，看出恐龍與現代鳥類之間的關聯。

變質岩

地球的板塊運動時，巨大的岩石被下壓到地殼內，受到強大壓力和炙熱高溫影響，變成性質截然不同的岩石。

受到高溫與擠壓

火成岩、沉積岩和變質岩，都會受到高溫、高壓或富含礦物質的液體（或同時出現兩種以上因素）改變。高達攝氏500度的溫度，雖然不足以熔化岩石，但會把岩石變成變質岩。比方說，白堊與石灰岩會變成大理石，而屬於沉積岩、質地偏軟的頁岩，則會變成板岩。

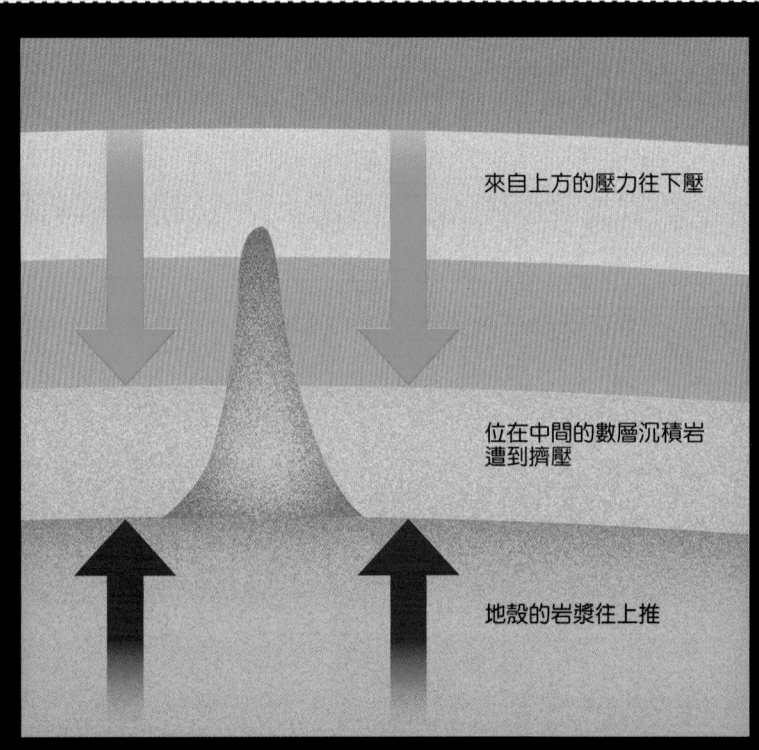

來自上方的壓力往下壓

位在中間的數層沉積岩遭到擠壓

地殼的岩漿往上推

板岩

層層的頁岩受到造山運動的板塊壓力擠壓，當中的礦物質瓦解形成一層層薄薄的板岩。板岩比頁岩硬，但也能輕鬆分裂成薄片，是製作屋頂瓦片的理想原料。

大理石

白堊與石灰岩受到擠壓和高溫後，會再次結晶形成大理石。大理石的顏色非常繽紛，從當中有著波紋的深紅色到全白都有。大理石同時具有硬度夠卻也容易鑿刻的特色，因此是製作雕像的理想原料。然而，大理石會受到酸性物質侵蝕，這就是為什麼污染造成的酸雨，長期下來會破壞許多古老建築和雕像。

早在數千年前，雕刻家就開始使用大理石雕刻人像與半身像。

片麻岩

片麻岩是從花岡岩轉變而成，含有彼此緊密相連的粗糙晶體。這些晶體形成深淺不一的層次，因此片麻岩外觀會有條狀紋路。

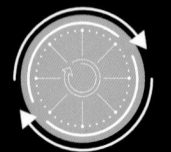

裸露地表的岩石會受到天氣、水，甚至植物的攻擊。它們會分裂成小石礫，被帶到其他地方，再落到地面。

風化

岩石分裂成小石礫的過程稱為風化。

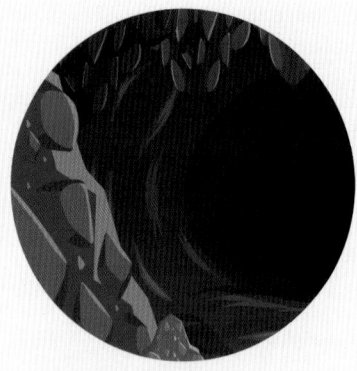

熱與冷

有些地方的日夜溫差很大，白天氣溫高的時候，岩石會膨脹，晚上時岩石則會冷卻收縮。溫度的差異會造成岩石外層碎裂。

酸

溶解在雨水中的酸會侵蝕某些岩石（如石灰岩），並在岩石上留下裂縫或深溝，形成地下石窟。

植物和微生物

以岩石中的礦物質為食的微生物，會破壞岩石的結構。植物的根探入地底尋找水分時，會穿過或粉碎岩石。

水凍結成冰

水會滲入岩石縫隙，當溫度降低，水凍結成冰時體積膨脹，因而推擠岩石，形成裂縫，把岩石分裂成石礫。

侵蝕

侵蝕指的是岩石被分裂成小石礫和礦物質並被帶走的過程。

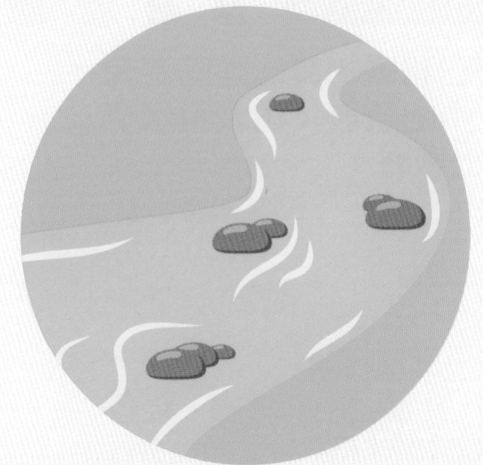

水

河流不斷流動，帶走小石頭。水流夠湍急的話，也會推動大石頭和巨礫。同時，小石頭會撞擊、刮傷、挖蝕河床上較大的石頭，讓它們變得圓滑。

波浪

不斷撞擊海岸的強大波浪也會侵蝕岩石，產生海岸線特有的地理景觀，比如海蝕洞、海蝕拱和海蝕柱。

冰河

在高山地區，冰河緩慢地沿山谷流動。它們移動途中會撕裂岩石，讓它們在地上摩擦，同時分裂更多岩石，改變地貌。

風

強勁的風會吹起小石礫和礦物，讓它們撞擊大岩石，形成噴砂作用，侵蝕岩石。

土壤

許多地方的地面都覆蓋了一層碎石和礦物質，裡面混有各種動植物和其他生物正在腐化中的遺骸，也藏有水分與各種氣體。這就是我們所知的土壤層。

土壤種類

土壤主要分成三類：黏土、粉砂土和砂土。

砂土的粒子大小界於 **0.05~2公釐**之間。

粉砂土的粒子大小在 **0.002~0.05公釐**之間。

黏土的粒子小於**0.002公釐**。

黏土中有種稱為綠土的礦物質，它一吸收水分就會膨脹，流失水分時則會縮小，漲縮幅度大到足以摧毀建物。

土壤層

土壤通常分為數層，稱為土壤化育層或土層。上層滿是正在腐化的有機物質。下方則有數層礦物質和岩石，最下面是底岩，也稱為基岩。

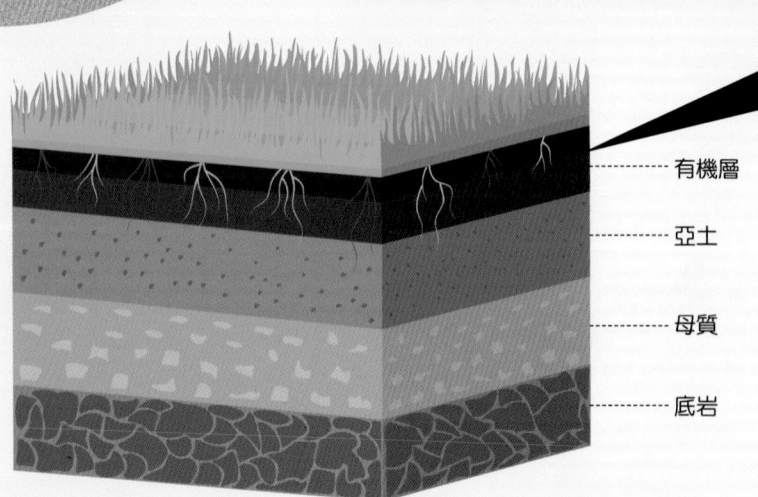

有機層

亞土

母質

底岩

充滿生命

細菌、真菌和其他生物分解各種生物遺骸，比如倒下的樹木和動物屍體。過程中會產生稱為腐植質的易碎深色物質，當中富含許多養分。微小的土壤微生物靠腐植質的養分維生，植物生長也需要這些養分。接下來，這些養分以及微生物和植物，都會成為其他動物的食物。

豐饒肥沃

土壤擁有植物生長所需的大部分元素和養分。養分豐富的土壤適合種植農作物。砂土很容易流失水分，而植物的根難以從黏土中吸取水分。粉砂土既可保留水分，也能讓植物從中輕鬆汲取生長所需的水分。

一茶匙的土壤有時含有超過**10億**個細菌。

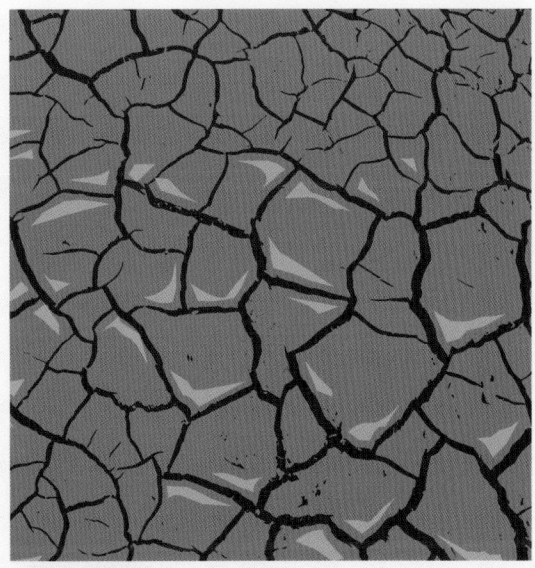

土壤侵蝕

一個地區若失去土壤層，會引發毀滅性的後果，所有植物也無法生長。許多人類活動，比如低劣的農業行為和污染，都會破壞、侵蝕土壤。如果土壤中的鹽分不斷增加，也就是發生鹽土化作用，植物就無法存活。

第四章

藍色行星

水世界

地球擁有大量的水。從太空望向地球，我們的行星就像一顆藍色的水球，上頭有幾塊陸地和冰原。就我們所知，地球是宇宙中唯一水同時以三種狀態存在的地方。水的三態分別是：固態的冰、液態的水和氣態的水蒸氣。

液態水

地球的藍色外觀來自廣大的海洋，它的表面大部分都是海洋。液態水也在河川流動，或積聚成湖。水也會滲透岩石和土壤，在地面下流動，形成地下河流。

固態水

在極區和高山等比較寒冷的地區，水變成固態，形成巨大的冰層與冰河。這些冰層飽含大量的水，如果格陵蘭的冰層融化，足以讓全球海平面上升7公尺。

氣態水

水蒸氣約莫占地球大氣層的2~3%。我們通常看不到水蒸氣，但一旦它們冷凝成微滴，聚集在一起就會形成雲。這些微滴夠重的話，就會以雨的形式降落到地面。

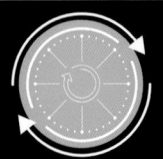

水在哪兒？

雖然水覆蓋了大部分的地表，但大多太鹹不適合飲用，不然就是藏在地下深處，或者凍結成冰河。因此，我們能利用的水的占比其實非常低。

如果把地球表面、上方和下方的水全部加起來，水的體積大約有 **13億8,600萬立方公里**，足以形成一顆直徑長達 **1,385公里**的大球。

地球的水在哪兒？

絕大部分的水都位於海洋，剩下的則是河川、湖泊和地下水，但它們只占很小一部分。

海洋
96.54%

來自太空的水

科學家相信，地球的水來自某些富含水的流星和彗星，它們在很久以前撞上剛形成的地球，因此地球上才會有水。

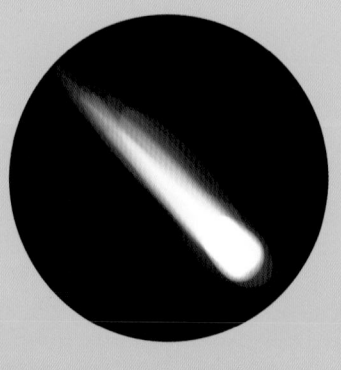

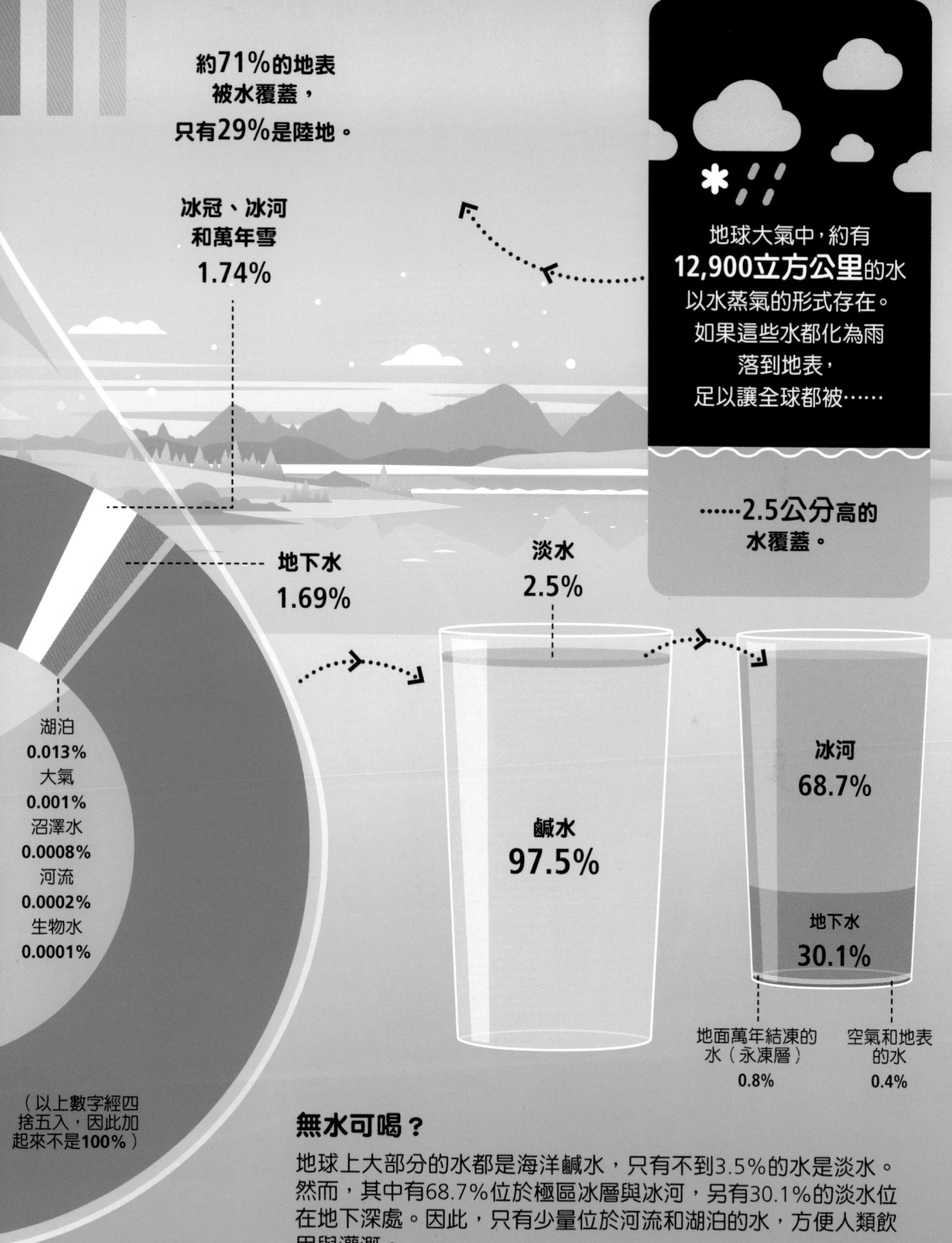

約71%的地表
被水覆蓋，
只有29%是陸地。

冰冠、冰河
和萬年雪
1.74%

地球大氣中，約有
12,900立方公里的水
以水蒸氣的形式存在。
如果這些水都化為雨
落到地表，
足以讓全球都被……

……2.5公分高的
水覆蓋。

地下水
1.69%

淡水
2.5%

湖泊
0.013%
大氣
0.001%
沼澤水
0.0008%
河流
0.0002%
生物水
0.0001%

鹹水
97.5%

冰河
68.7%

地下水
30.1%

地面萬年結凍的
水（永凍層）
0.8%

空氣和地表
的水
0.4%

（以上數字經四
捨五入，因此加
起來不是100％）

無水可喝？

地球上大部分的水都是海洋鹹水，只有不到3.5%的水是淡水。
然而，其中有68.7%位於極區冰層與冰河，另有30.1%的淡水位
在地下深處。因此，只有少量位於河流和湖泊的水，方便人類飲
用與灌溉。

水循環

地球上所有的水隨時都在循環，從一個狀態轉變成另一個狀態，在地球各處不斷移動。

降水
水會以雨、霰、雪等形式落到地面。

固態、液態和氣態
地球上的水同時以物質的三種形態存在：冰河和冰冠中有固態的冰，海洋和河川裡有液態的水，大氣層中則有氣態的水蒸氣。

逕流
從高處往低處流的水稱為逕流，這些水匯集成溪流或河川，接著流進湖泊或海洋。

滲透
水會滲入地面，穿過岩石，形成地下水。

地下水會在地面下流動，並流進湖泊或海洋。

每天的每一分鐘，都有重達9億噸的雨從天而降，這重量相當於埃及的吉沙大金字塔。這個數量或許聽起來很驚人，但換算起來，全球的每日平均降雨量只有2毫米。

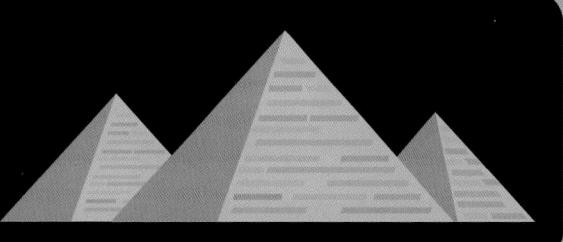

潮溼
地球上最潮溼的地方是印度的毛辛拉姆，年降雨量高達11,871毫米。

……和乾燥
相比之下，南極洲旱谷的降雨量是零，有些科學家相信這裡從200萬年前左右起就沒再下過雨！

冷凝
空氣中的水汽會冷凝成微滴並形成雲。

蒸散作用
植物釋放水蒸氣到空氣中的現象，就叫蒸散作用。

蒸發作用
太陽讓氣溫上升，水從海洋和湖泊表面蒸發，變成水蒸氣。

一滴水循環的速度快則9天，慢的話可花上40,000年。

海洋

海洋占地表面積的**71%**，有冰冷的極區海洋，也有溫暖的熱帶海洋。

太平洋
面積：
1億6,176萬平方公里
太平洋是世界最大的海洋，
但每一年都因板塊撞擊
而漸漸縮小。

光是太平洋就含有多達
6億6,000萬
立方公里的水，
幾乎占了所有海水的一半。

南冰洋
面積：
2,196萬平方公里
南冰洋圍繞南極洲，
這裡刮著世上最強的風。
冬天時，大部分的區域都結冰，
但一到夏天，
這兒就充滿活力。

大西洋
面積：
8,513萬平方公里
大西洋的面積愈來愈大，
因為海床的板塊漸漸分離。

北冰洋
面積：
1,556平方公里
北冰洋是五大洋中最小的，
它被各大陸塊圍繞，
大部分海面都被冰塊覆蓋，
但隨著地球氣候暖化，
這兒的冰冠面積逐漸縮小。

波羅的海
面積：
40萬6,000平方公里

地中海
面積：
296.7萬平方公里

南海
面積：
696.3萬平方公里

太平洋最深，平
均深度達**4,080**
公尺，相比之下
全球海洋平均
深度是**3,688**公
尺。

印度洋
面積：
7,056平方公里
大部分的印度洋位在
熱帶地區，
是五大洋中最溫暖的。

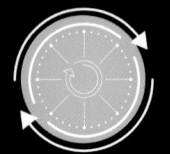

不斷流動的海洋

地球海洋中的水一直在移動，海浪將水推上推下，而在海洋深處，巨大的洋流帶動水繞著整個地球流動。

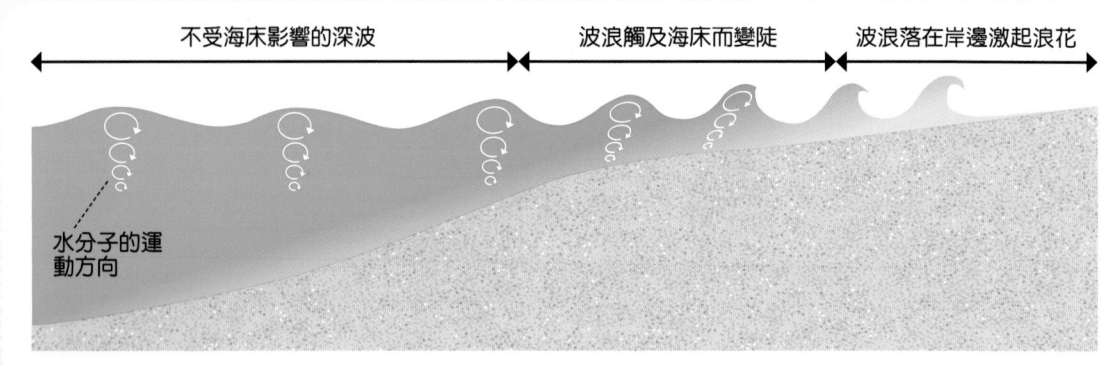

| 不受海床影響的深波 | 波浪觸及海床而變陡 | 波浪落在岸邊激起浪花 |

水分子的運動方向

波浪的生成

能量穿過水就會產生波浪，通常在風吹過水面時形成。流動的空氣與水之間的摩擦力，讓水繞圓移動，能量就在水中傳遞，但水分子本身不會移動太遠。波浪抵達岸邊時，由於水深變淺，讓波浪底部的前進速度減緩並受到壓縮，把水的波峰往上推。很快地，波浪就會倒塌落在岸上，形成浪花。

巴西衝浪選手羅德里戈·柯薩是最大衝浪金氏紀錄的保持人。2017年11月，他在葡萄牙納札雷的海岸，成功挑戰高達 **24.38公尺** 的巨浪。

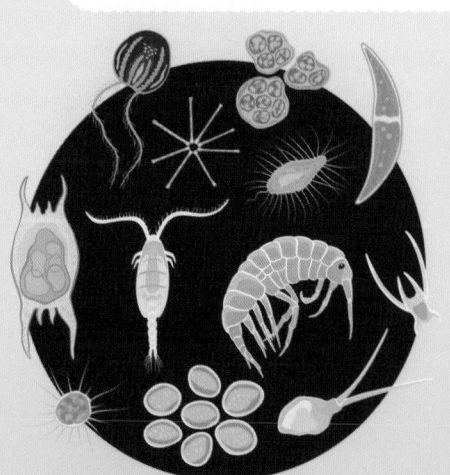

從深處上衝

海岸線附近的區域，盛行風會把表面的海水吹離陸地，此時深處比較低溫的海水會上升。這些海水充滿養分，得以讓微小的浮游生物蓬勃生長，進一步吸引大量海中生物前來覓食。

海水表面

海風通常朝同一個方向吹，這些盛行風推動表面海水流向各大海洋，形成繞圓移動的巨大洋流，稱為環流或渦流。這些環流把極區寒冷的海水推向赤道，也帶著溫暖的熱帶海水流向極區。

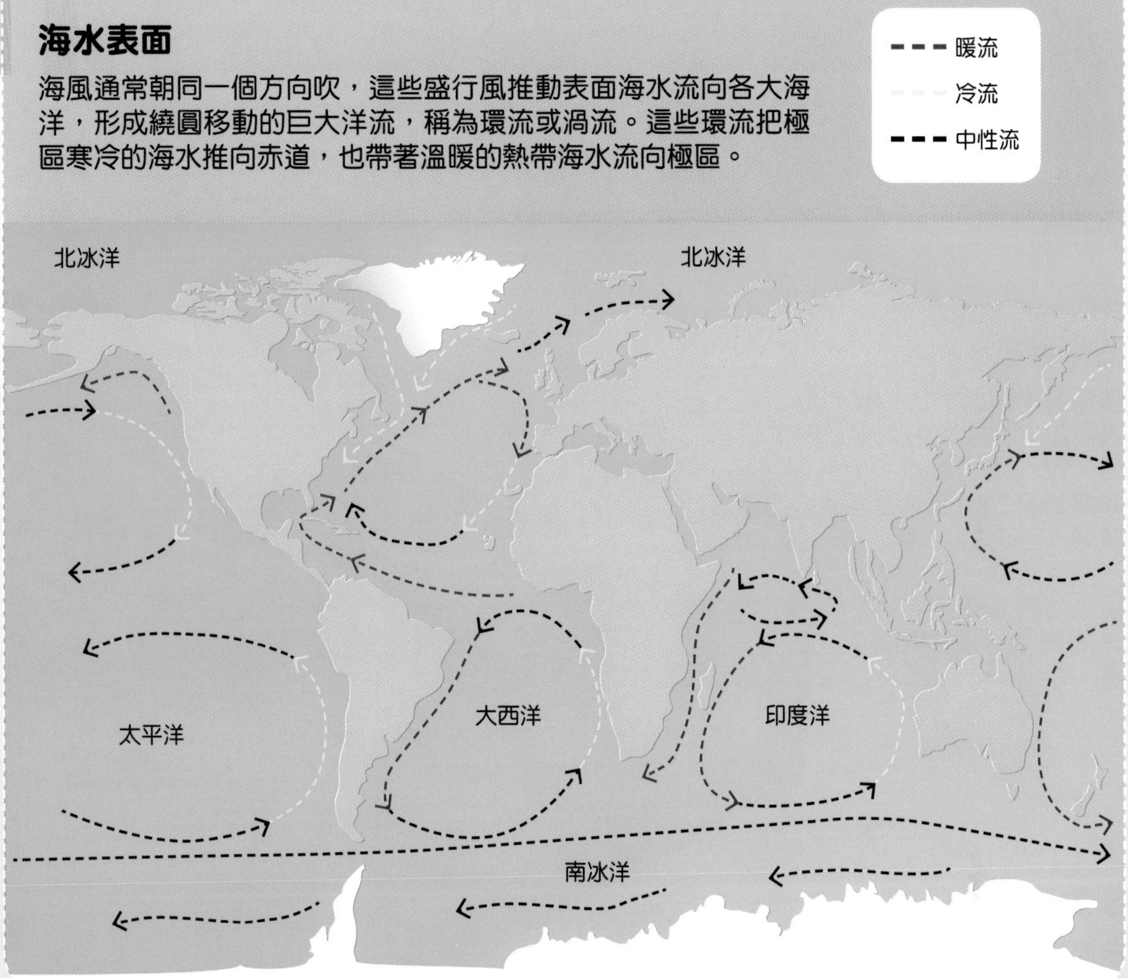

- --- 暖流
- --- 冷流
- --- 中性流

北冰洋

北冰洋

太平洋

大西洋

印度洋

南冰洋

輸送帶

各水域的流動其實彼此相連，組成一個稱為大洋輸送帶的巨大洋流，在全球五大洋間流動。海洋深處的冷流會在某些地區上升，比如北太平洋，變成溫暖的表面流。這個全球大洋輸送帶有時得花上數百年的時間，才能繞行地球一周。

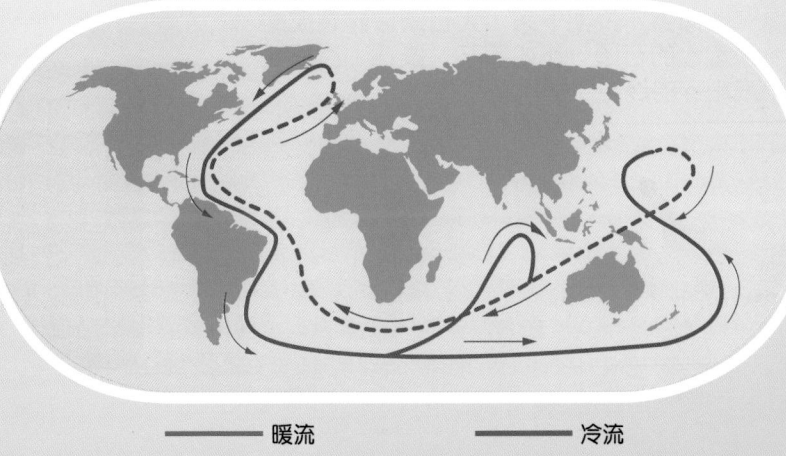

———— 暖流　　　———— 冷流

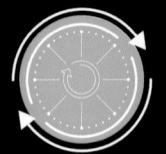

海洋與陸地的交界

波浪不斷沖刷海岸，撞擊岩石，創造各種海岸地景，從平坦的海灘到高聳的峭壁、海蝕柱和海蝕拱。

海岸特色

當海浪不斷以某個角度沖刷海灘，把沙子和卵石沿海岸推，就會將某部分海岸原有的沙石都推到另一頭。這個過程叫做沿岸漂移，有時會形成長長的沙洲，甚至圍住河口或海灣。沙洲的一邊是海，另一邊則圍繞一灘水體，稱為潟湖。長長伸入海洋的海灘，則稱為沙嘴。

沙的形成

海浪拍擊海岸時，每平方公尺足以造成高達數千公斤的壓力。這股壓力會粉碎岩石，把它們帶走，讓它們與其他石頭和漂流物摩擦。長期下來，大石頭會碎裂成愈來愈小的石頭，比如卵石、礫石，最終變成細碎的沙。

海水侵蝕切斷岩石就會形成高聳的懸崖，懸崖底端則形成滿是漂流岩屑的平台。某些地區的岩石硬度較低時，就會被波浪侵蝕成海蝕洞或海蝕拱。當海蝕拱倒塌時，海面只剩下一根突出的石柱，就是所謂的海蝕柱。

與潮汐共存

潮汐運動造成海岸每天被淹沒數個小時，其他時候則裸露在外。這種充滿變動的環境讓生存充滿挑戰，但許多動植物仍選擇在此落腳成家。退潮時，岸邊會形成許多潮池，裡面可發現許多海藻、小型螃蟹、魚類和海葵的蹤影；有些草可以在鹽分高的環境生存，在岸邊形成鹽草澤。許多海鳥會在退潮的裸露海岸上行走，以藏在海灘裡的昆蟲和貝介類動物為食。

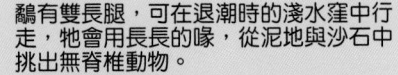

鷸有雙長腿，可在退潮時的淺水窪中行走，牠會用長長的喙，從泥地與沙石中挑出無脊椎動物。

海岸若有些地方由比較硬的岩石組成，受侵蝕的速度就會比較慢。這些地質較硬的地區會形成朝海伸出的岬角，而兩旁地質較軟的地方則會被海水侵蝕，形成海灣和入水口。

探入深淵

當我們潛入海中，海洋會隨下潛深度而變化。很快地，我們就看不到陽光，溫度急遽下降，壓力增加，甚至足以壓扁人體。

虎鯨

蜘蛛蟹

珊瑚礁

表面區

這是海洋最小的區域，範圍界在海平面下方200公尺內，只占海洋平均深度的**5%**。中午時，最上端的海洋區域陽光充足，通常也是最溫暖的地方，但溫度會隨表面天氣與地理位置而有所不同。

朦朧區

這兒占海洋平均深度的**20%**，範圍界在海平面下200~1,000公尺間。這區頂端會有少許陽光，比較深的地方則一片漆黑。

深海

海洋最廣大的區域，占海洋平均深度的**75%**，範圍從海面下1,000公尺直達海底。這一區被全然的黑暗籠罩，壓力也是海平面的**100**倍以上，溫度只比凍結點略高一些。

鯨鯊和戴水肺的潛水員

200 公尺

大烏賊

1,000 公尺

大西洋
奇棘魚

2,000 公尺

抹香鯨

3,000 公尺

4,000 公尺

英國皇家郵輪鐵達
尼號沉沒的深度

鮟鱇魚

5,000 公尺

6,000 公尺

底棲櫛水母

7,000 公尺

海底世界

主要陸地周圍被一圈水深不到**100公尺**，
很淺的陸棚包圍。離陸地漸遠，海床會隨
大陸斜坡往下探，直到深海平原，這兒的
深度超過**3,000公尺**。**70%**的海床都是深
海平原。深海平原上分布著海底山脈，有
獨立的海丘、一長條的中洋脊，也有探出
海面的高聳火山島。兩個板塊撞向彼此
的地區，其中一個板塊會沒入地函，形成
很深的海溝，深度有時超過**10,000公尺**。

蝸牛魚

8,000 公尺

9,000 公尺

浮游生物

10,000 公尺

潛航器
可下潛的
最深處

11,000 公尺

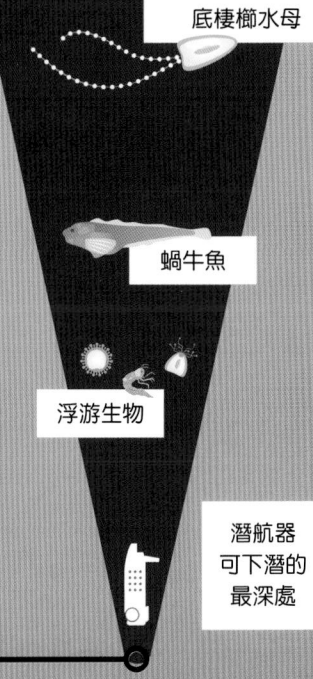

河流

水會以雨、雪、雹的形式從天上落到地面。它們一降落到地表，就會往下流，匯聚在一起，形成小溪和河川，流向海洋的同時也改變了地貌。

河道

河川流向海洋的過程中，會在各處開拓出河道。

上游

河流開始的地方稱為源頭。源頭可能是一座湧泉（水從地底湧出），也可能是一灘溼地。水匯聚在一起，形成水道，很快地從陡坡往下流，同時侵蝕河岸和河床。這裡的溪流橫切面偏小。

下游

隨著河流的旅程接近終點，河道會變寬，坡度變緩。在這個階段，大部分的沉積物都會留在此處。

河流的特色

河流上游通常會形成陡峭河谷、瀑布和峽谷。中游則會形成比較寬廣平緩的河谷、曲流和牛軛湖。

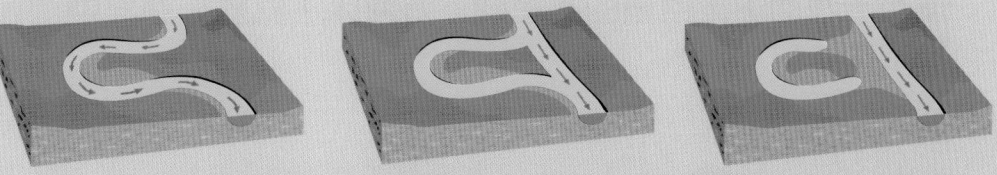

當河流留下非常多的沉積物，封住河灣或曲流時，就會形成牛軛湖。在下游，河流會形成非常寬闊平坦的河谷，有時也會形成氾濫平原和三角洲。

最長的河流

6,650 公里	尼羅河
6,400 公里	亞馬遜河－烏卡亞利河－阿普里馬克河
6,300 公里	長江
5,971 公里	密西西比河－密蘇里河－紅岩河
5,540 公里	葉尼塞河－貝加爾湖－色楞格河
5,465 公里	黃河
5,410 公里	顎畢河－額爾濟斯河
4,880 公里	巴拉那河

中游

隨著河水往下流，河流的坡度通常會變得較為平緩，其他支流會匯聚在一起，河面也會跟著變寬。此處會開始留下一些沉積物，形成河灣或曲流。

三角洲

當河流在河海交接處快速地留下沉積物，以致海水來不及移動這些沉積物，就會形成三角洲。這些沉積物不斷累積，在河口形成小島和水道。

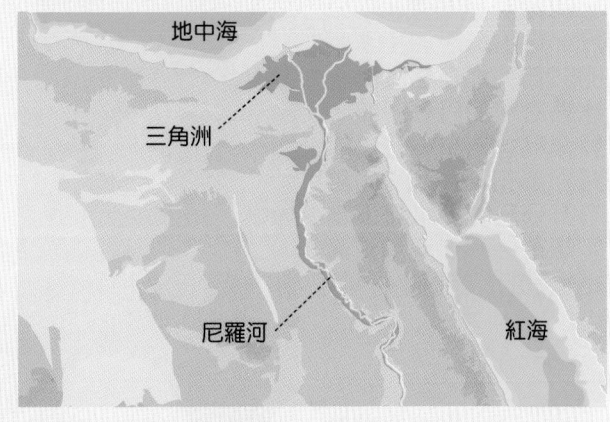

尼羅河在出海處形成三角洲，將沉積物全留在此處，再流入地中海。

瀑布

瀑布一洩而下，巨量的水衝向下方河床，就會在過程中
鑿刻出全新地貌。

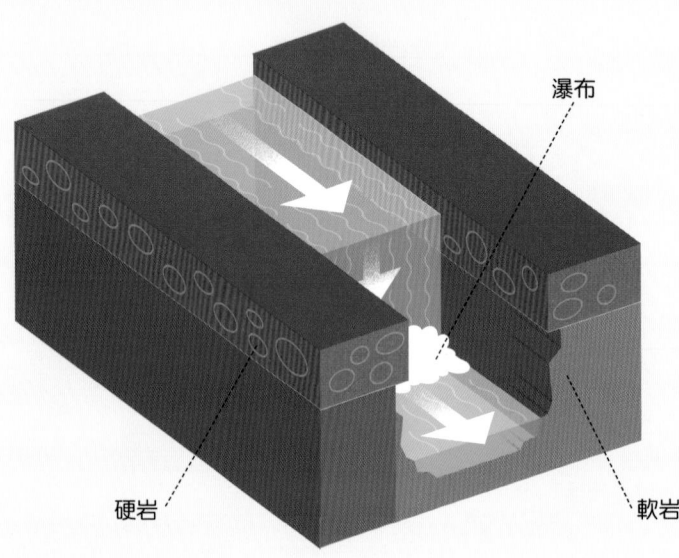

瀑布

硬岩

軟岩

瀑布的形成

河流行進時會侵蝕兩側河岸和河床，
切割途中的岩石。最後，河水會探入
硬度較低的岩層，並開始以更快的速
度鑿穿岩層，形成瀑布。此外，板塊
運動、地震和火山爆發有時也會把斷
層的岩塊上推，形成突降的落差，河
流經過此處就會形成瀑布。

最高的瀑布

委內瑞拉的安赫爾瀑布
是陸地上最高的瀑布。
它的地勢差高達979公
尺，幾乎是尼加拉瀑布
的50倍。而在格陵蘭和
冰島之間的丹麥海峽，
有座高達3,500公尺的
海底瀑布。將近350萬
立方公尺的冷水流下這
座瀑布——是尼加拉瀑
布水量的2,000倍。

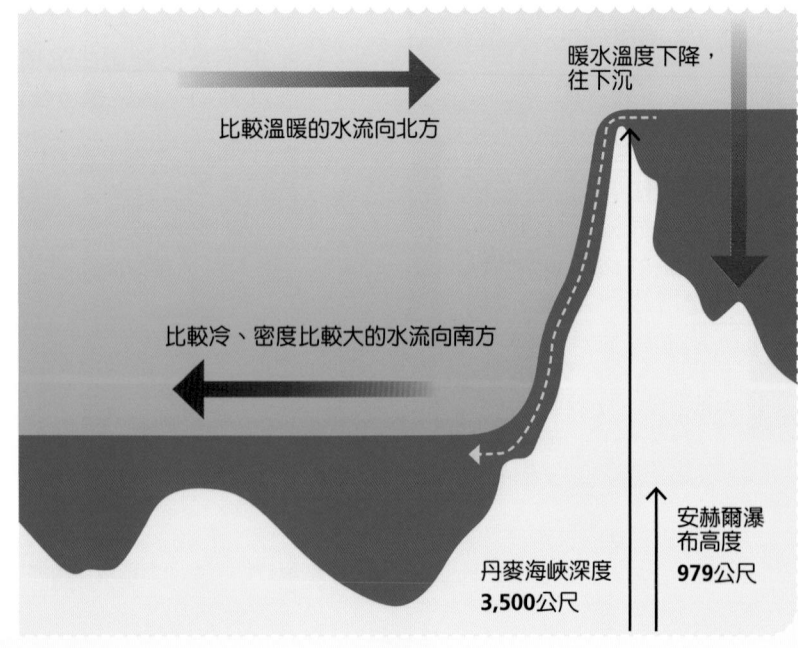

暖水溫度下降，
往下沉

比較溫暖的水流向北方

比較冷、密度比較大的水流向南方

丹麥海峽深度
3,500公尺

安赫爾瀑
布高度
979公尺

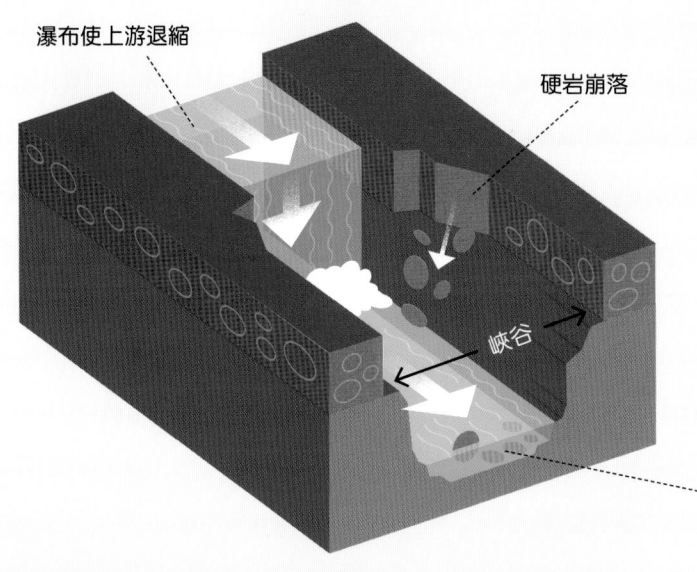

瀑布使上游退縮

硬岩崩落

峽谷

岩屑

切割峽谷

瀑布一再切割基部硬度較低的岩石，會形成凸出的岩壁，最終岩壁會變得愈來愈不穩固而崩落。瀑布持續進行這個稱為向源侵蝕的過程，產生非常陡峭的峽谷。

陸地上最湍急的瀑布

印加瀑布（剛果民主共和國）
每秒24,768立方公尺

李文斯頓瀑布
（剛果民主共和國和剛果）
每秒25,060立方公尺

博約馬瀑布（剛果民主共和國）
每秒16,990 立方公尺

孔恩－發芬瀑布（寮國）
每秒1,610 立方公尺

帕拉瀑布（委內瑞拉）
每秒3,540 立方公尺

維多利亞瀑布

維多利亞瀑布位於尚比亞和辛巴威邊界的尚比西河，此瀑布的地勢差高達108公尺，寬達1,700公尺。巨量的水沖刷陸地邊緣，落到河床時會發出轟然巨響，水氣凝結成壯觀的雲柱，從遠處也能望見，因此當地人稱呼它「莫西奧圖尼亞瀑布」，意指「發出雷霆之聲的煙霧」。

湖泊

湖泊是在天然盆地形成的水潭，周圍被陸地包圍。湖泊大小不一，從小池塘到涵蓋數千平方公里的巨大湖泊都有。

湖泊的形成

湖泊盆地會經由數種方式形成，包括：

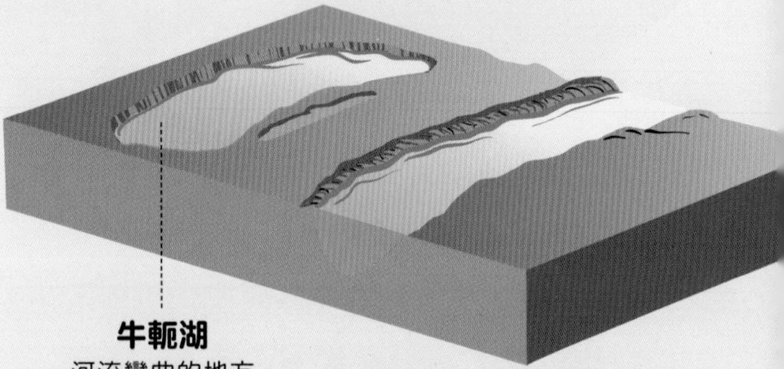

牛軛湖

河流彎曲的地方形成曲流，曲流被截斷後就形成牛軛湖。

冰蝕湖

冰河會在岩石上鑿出深凹，待冰河融化時就會積水成湖。

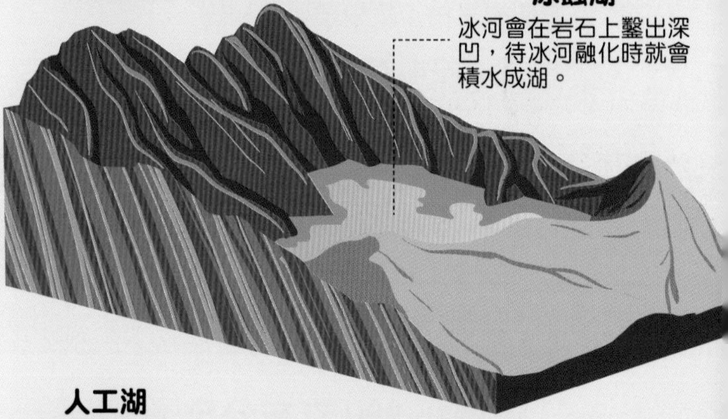

人工湖

人們會建造人工湖，也就是水庫，除了用來蓄水，也能用來發電。

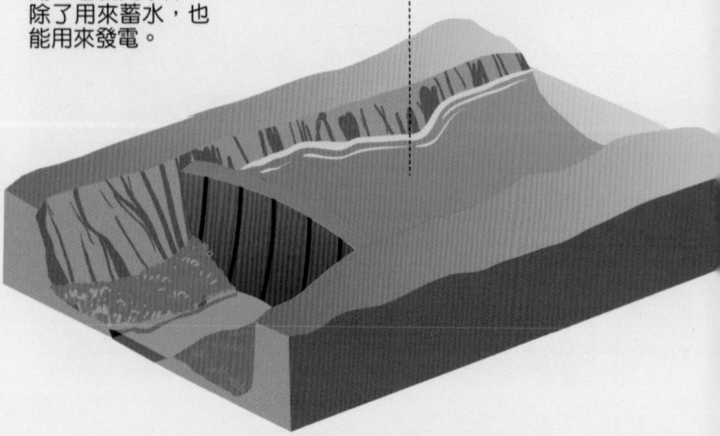

三峽大壩

三峽大壩

中國的三峽大壩落成後，大壩的後方上游處形成長達600公里的人造湖，不僅淹沒了河谷，也造成150萬人被迫離開家園，因為他們的房屋都被水淹沒了。這個水庫可產生22,500百萬瓦的電力，是全球發電量最高的水力發電廠。

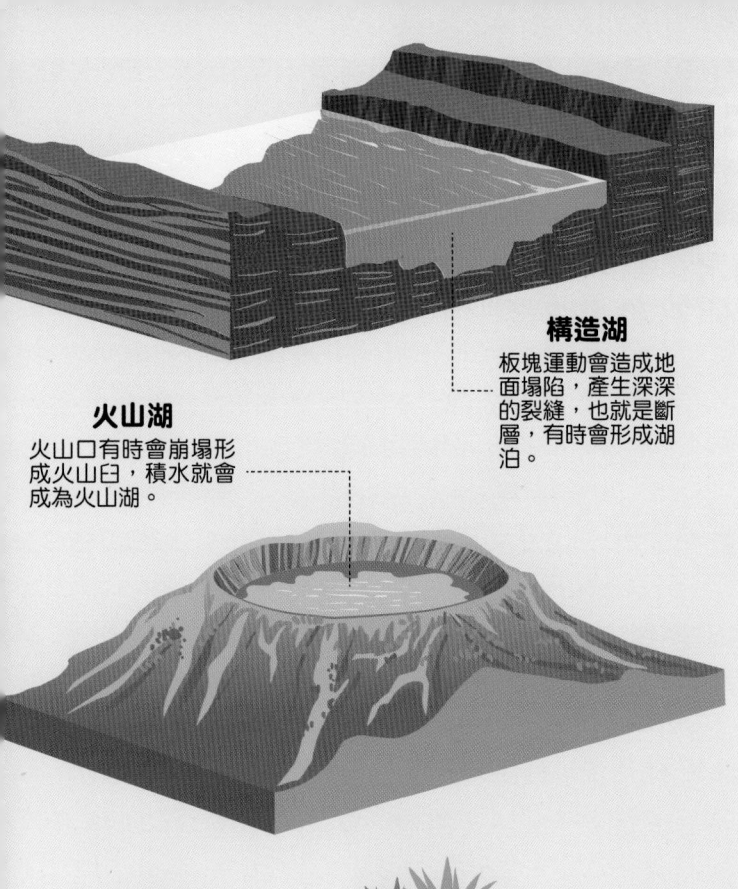

構造湖
板塊運動會造成地面塌陷，產生深深的裂縫，也就是斷層，有時會形成湖泊。

火山湖
火山口有時會崩塌形成火山臼，積水就會成為火山湖。

綠洲
地下含水層的水有時會升到地表，在沙漠中央形成湖泊或綠洲。

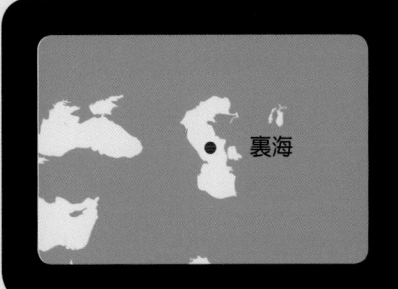

裏海是全球最大的湖泊，位於歐洲和亞洲之間。它的面積廣達370,000平方公里。

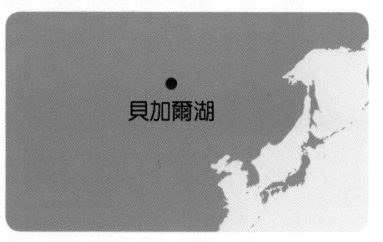

貝加爾湖

貝加爾湖

貝加爾湖位於俄羅斯的西伯利亞，是世上最古老的湖泊，約在2,000~2,500萬年前形成。它也是地球最深的湖泊，最深的地方水深達1,620公尺。哈里發塔是全球最高的建築，而貝加爾湖足以淹沒2座哈里發塔！事實上，貝加爾湖深到足以容納全球五分之一的淡水，也就是約23,000立方公里的淡水！

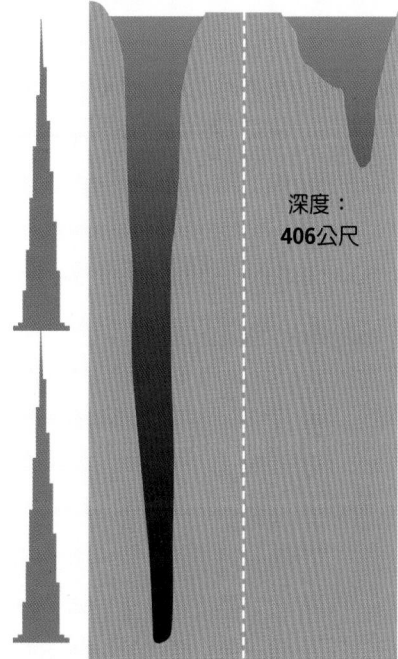

貝加爾湖　　　　蘇必略湖

深度：
406公尺

深度：
1,620公尺

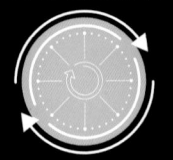

地下水和洞窟

你的腳下埋著大量的水，有的被困在滲透性低的岩石之間，有的則緩慢從岩石和土壤滲出，流進河川、湖泊或海洋。

地表的水滲入地面。

透水層

含水層

流進地面的雨水不是在水道匯集，形成溪流，就是滲入土壤和多孔隙的岩石，形成稱為含水層的地下水。

世上最大的含水層之一，位於撒哈拉沙漠下方，面積廣達100萬平方公里，範圍遍及阿爾及利亞、突尼西亞和利比亞。

撒哈拉西北部的含水層

水井、噴泉和汲水泵

數千年來，地下水一直是人類取得乾淨飲用水的來源。人們挖井取水，利用汲水泵將水運到地面。有些地方，水會從地表滾滾流出，形成天然泉水。

含水層

不透水層

永凍層

位於極區和高山苔原下的地下水通常全年結凍，形成堅固的永凍層。

永凍層指的是地表下長年結凍的地層。

形成洞穴

雨水落在石灰岩地區，有時會形成巨大的地底岩洞網絡和洞窟。雨水中的酸會溶解石灰岩，慢慢侵蝕，鑿刻出裂縫，在地底下形成洞穴。

水從洞穴上方往下滴，在頂端留下少量的方解石沉積物，長期下來就會形成倒掛在半空中的鐘乳石。同理，當水落在地上時，方解石沉積漸漸堆積，就會形成直立的石筍。

雨水滲透石灰岩。

形成地下洞穴。

越南的山水洞是世上最大的洞穴之一。它長達9公里，有些地方甚至足以容納一座40層樓的摩天大樓！

冰河與冰冠

大量的水都以冰河和冰冠的形式，儲存於地球的極區以及該處的山峰。

冰河的冰都是很久以前形成的。加拿大北極圈的冰冠，有些已存在超過**10,000**年。

冰山

牙買加

2000年3月，一個長295公里、寬37公里的冰山從南極冰層脫落。它的面積廣達11,000平方公里，比牙買加島還大。

冰冠

兩極的厚重冰層覆蓋了數百萬平方公里的陸地和海洋。南極某些區域的冰層可厚達4.5公里，這些冰層會擠壓下方的岩石，讓岩石陷入地殼1公里深處。在這些冰層的邊緣地帶，較為溫暖的氣候會造成冰山等巨大冰體脫離冰層，漂流在水面上。

冰河時期

隨著地球氣候不斷變遷,極區的冰冠也隨之變大或縮小,影響全球的海平面高度。最後一次的冰河期約結束於**12,000**年前,三分之一的陸地和海洋都被冰河覆蓋,當時的海平面比現在低**120**公尺。

在最近一次的冰河時期,體型龐大且毛茸茸的長毛象,稱霸了大部分的北半球。

美國阿拉斯加州的白令冰河長度超過**200**公里,是世上最長的冰河。

白令冰河

冰河

高山中的降雪漸漸積壓凝固,形成冰河。它們雖然是固態,但還是會往低處移動,上游則會再次累積更多的雪。這些移動的冰層會帶走地面的石頭和岩屑,將它們運到別處,同時沖刷岩石改變地貌,比如形成U型谷、聳立的尖銳山峰,讓某些地區出現與所在地岩石截然不同的石頭,也就是冰河漂礫。

來自兩側山谷的小冰河有時會匯入主冰河。

1953年,巴基斯坦的庫蒂亞冰河以每天增加**112**公尺的速度,在3個月中不斷增長,形成長達**12**公里的冰河。

冰河行進時會鑿刻出**U**型谷。

第五章

大氣

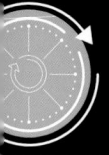

我們呼吸的空氣

只要望向窗外，就會看到大氣的運作。你看不到組成大氣的氣體，但你會看到它們造成的影響，從天空的雲朵到仰賴空氣才能生存的動植物。

維持生命的空氣

地球的所有生物都仰賴大氣才得以生存。動植物吸收或呼吸大氣中的各種氣體，產生生存所需的能量。

天氣

擾動的大氣藉由推動熱空氣與冷空氣，與運送大量水蒸氣形式的水，產生各種我們所知的天氣現象。不管是萬里無雲的大晴天，還是可能帶來雷雨的大片烏雲，都是天氣現象。

其他的世界

太陽系有8顆行星和超過200顆衛星，但只有少數幾個天體擁有大氣。這些天體的大氣與地球的大氣截然不同。例如，金星的大氣中，二氧化碳占了96%，平均溫度高達攝氏464度，並且下著硫酸雨；火星的大氣非常稀薄，95%都是二氧化碳，平均溫度則是攝氏零下63度。

大氣結構

大氣像一條薄毯似的包圍著地球。它保護我們不受有害的太陽光危害,同時保留來自太陽的能量讓地球保持溫暖,而流動的氣流每天都帶給我們各式各樣的天氣現象。

對流層

這是最靠近地面,也最薄的一層大氣,位於地球表面到海拔14.5公里處。對流層也是大氣中密度最高的一層,75%的大氣質量和99%的水蒸氣都位在這兒。太陽加熱地球表面,地表再加熱空氣,因此海拔愈高,溫度就愈低。

平流層

平流層位於對流層頂端到海拔50公里處。平流層與對流層不同,這兒的高度愈高,溫度就愈高,因為太陽的紫外線會加熱這兒的空氣。平流層中有一層臭氧層,讓我們免於紫外線的危害。噴射飛機最高只能飛到這一層。

中氣層

平流層上面是中氣層，是大氣層最寒冷的一層，溫度會驟降至攝氏-85度。它的最高界線約莫是海拔85公里。這裡能找到離地表最高的雲，也就是夜光雲。流星也是在此燃燒殆盡，形成夜空中發光的長尾巴。

太陽輻射會讓大氣層上半部非常炎熱，有些地方的溫度可高達**攝氏2,000度。**

逼近太空的大氣邊緣

大部分科學家認為海拔100公里以上就進入太空。此處稱為卡門線，99.99997%的大氣都位在這條線以下。

增溫層

增溫層的頂端位在海拔600公里處，南北極圈的極光就發生在此處。國際太空站也在這一層繞行地球。

外氣層

大氣層最外面的一層，最遠約莫擴散至海拔10,000公里處。

空氣中有什麼？

大氣由各種不同氣體和微粒組成，有些氣體對地球的生物非常重要，但其中部分氣體若增加太多就會造成問題。

空氣的成分

空氣由各種不同氣體和粒子組成。

氮占大氣的**78%**。

其他氣體，如氫、氦、氖和二氧化碳等，共占了大氣的**1%**。

氧氣占大氣的**21%**。

地球上的所有生物都需要氧氣才能生存。生物利用氧氣進行呼吸作用，產生能量並釋放二氧化碳。

大氣含有稱為氣溶膠的微小粒子，比如灰塵、煙霧、煙灰、車輛排放的廢氣和花粉等等。

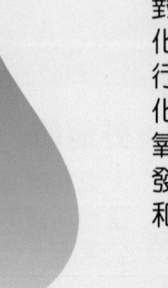

大氣也含有水蒸氣，天氣潮溼的程度會影響大氣中的水蒸氣含量。

對許多生物來說，二氧化碳非常重要。植物進行光合作用，利用二氧化碳產生糖。但是，二氧化碳一旦過多就會引發問題，造成氣溫上升和全球暖化。

空氣中也飄浮著微小的生物，這些渺小的生物叫做生物氣溶膠。

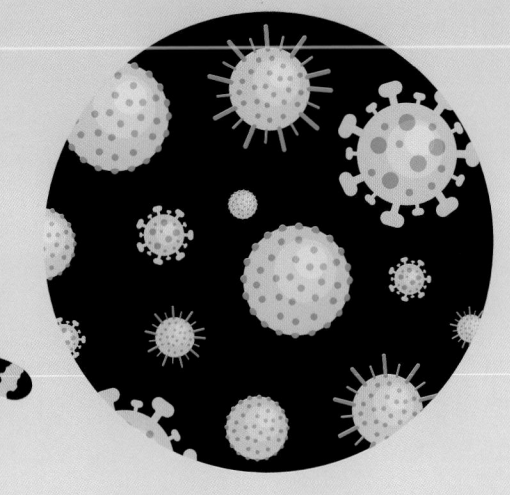

蔚藍的天空

太陽的光芒含有彩虹的所有顏色，當它們混在一起，看起來就像白光。地球大氣中的各種分子會散射這些多彩的光芒，但藍色的散射最為明顯。這就是為什麼我們看到的天空大多是藍色。

日出與日落

當太陽位於低空，也就是接近日出或日落時分，太陽光必須穿透比較多的大氣才能抵達我們的雙眼。此時空氣粒子散射的藍光更多，而散射最弱的紅光與黃光保留得最多，因此日出和日落時分，天空會呈現紅橙色。

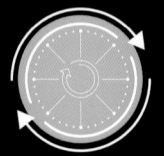

空氣流動

太陽加熱地球和地表上方空氣的同時,地球大氣也隨時在流動。空氣的流動會造成巨大的旋轉氣流,帶來風和各種天氣現象。

來自太陽的暖意

來自太陽的能量加熱地球,溫暖的地表再加熱上方的空氣。溫度較高的暖空氣往上升,在大氣中散開,冷卻後再下沉到地表,再次被加熱。這個過程會讓大量空氣以環狀的形式對流。

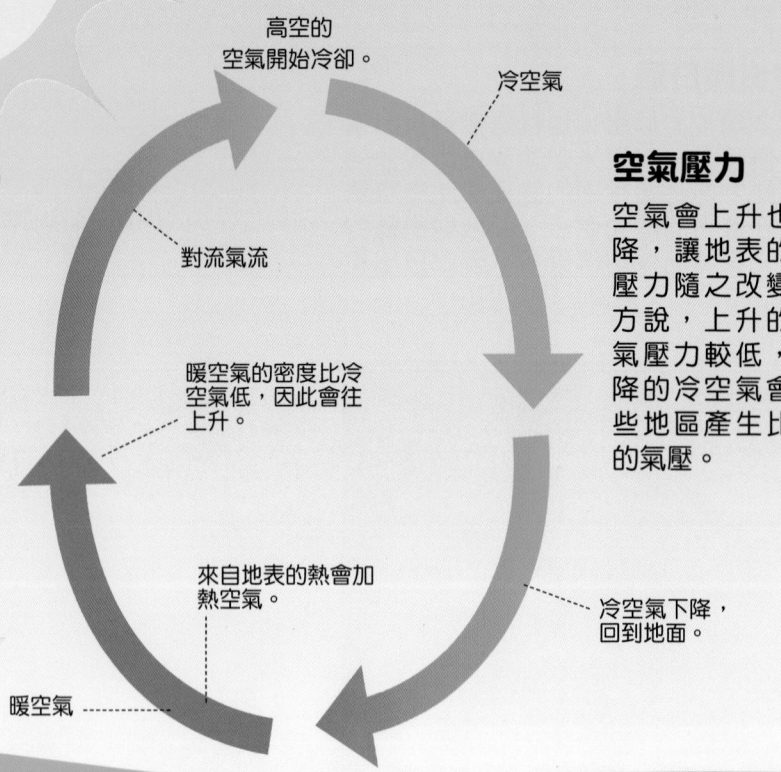

高空的
空氣開始冷卻。

冷空氣

對流氣流

暖空氣的密度比冷
空氣低,因此會往
上升。

來自地表的熱會加
熱空氣。

暖空氣

空氣壓力

空氣會上升也會下降,讓地表的空氣壓力隨之改變。比方說,上升的暖空氣壓力較低,而下降的冷空氣會讓某些地區產生比較高的氣壓。

冷空氣下降,
回到地面。

環狀移動的空氣稱為對流氣流,
也就是我們感覺到的風。

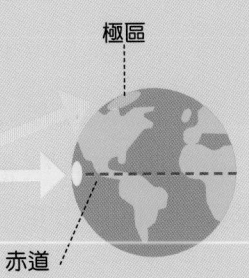

比較溫暖的地區

地球不是平面而是球體，因此比較靠近赤道的地區，會比面積相近但較靠近極區的地區，接收到更多的太陽能量。這就是為什麼赤道地區會比極區更溫暖的原因。

地球表面有些地方被水覆蓋，有些地方則被陸地覆蓋。陸地加溫和冷卻的速度通常比水快，進一步造成熱能不均的現象。除此之外，有些陸地會比其他地方吸收更多太陽能量。比如深色土壤吸收的能量較多，並藉此加熱空氣，而被雪覆蓋的地區則會反射而不會吸收很多的太陽能量。

80%

100%

10%

雪：反照率高　　　　深色土壤：反照率低

柯氏效應

地球每24小時會自轉一圈，使得流動中的空氣不會以直線行進。赤道以北，被地球自轉推動的氣流會往右旋，而在赤道以南，氣流會往左旋。這個現象稱為柯氏效應。

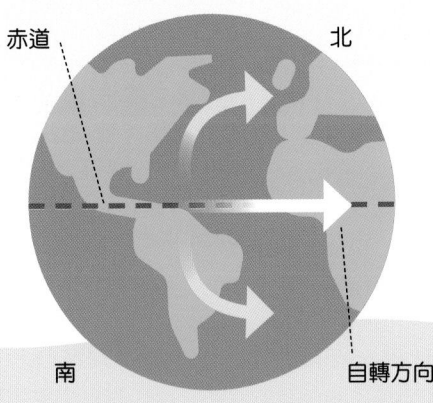

赤道　　　　　　　　北

南　　　　　　　自轉方向

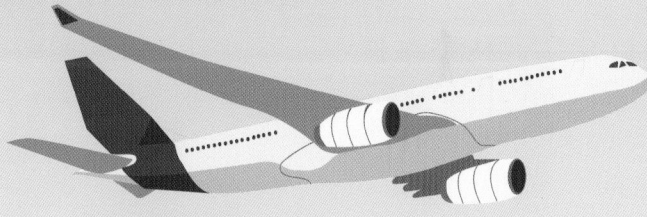

噴射氣流

熱空氣和冷空氣在離地12公里處相遇，形成數道強大氣流，也就是所謂的噴射氣流。噴射氣流的風速通常界於每小時129~225公里，但也會出現時速快許多的氣流。噴射機有時會利用噴射氣流的推力加快飛行速度，以便提早抵達目的地。

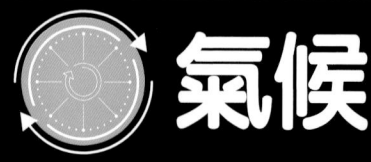

氣候

地表各處接收的太陽能量不一，再加上其他因素，造就了地球上多樣化的氣候。這些氣候會影響各地的長期環境條件。

天氣與氣候

天氣是一地短期的天氣狀況，比如今天是晴天，明天也許會下雨等。氣候指的是一地的長期天氣狀況。

氣候帶

地球有五大氣候帶：

熱帶：赤道附近的地區最溫暖。上升的暖氣流形成巨大的風暴雲，會以強烈熱帶風暴的形式帶來降雨。這些氣候條件讓熱帶雨林蓬勃生長。

乾燥：這些地區通常位在乾燥下降氣流盛行，因此雲量很少、降水量很低的地方。比如南美洲的亞他加馬沙漠，長達400年都沒有降雨。

溫帶：這些地區常有溫暖的夏天和寒冷的冬天，全年都會降雨。

大陸性：這些地區位於北半球的大陸中央，通常有寒冷漫長的冬天和溫和的夏天。

極區：位在南北極，全年都非常寒冷。

氣候變遷

近一百年來，二氧化碳等溫室氣體隨人類活動而增加，地球的平均溫度也跟著上升。氣溫上升讓部分生物獲益，卻也對其他生物帶來危害。

溫度上升

自19世紀下半開始，地球的平均溫度增加了攝氏1.1度，除非人們停止排放溫室氣體到大氣中，不然氣溫會持續上升，全世界的人類和動物都會受到影響。

生長季

有些地方的生長季會延長。比較溫暖的氣候條件會減少結霜量，讓農民有更多的時間種植作物。美國有些地區的生長季甚至可延長8週。

雨量增加

比較溫暖的氣候,會讓某些地區的降雨量增加。其他地區則可能會因為極熱的天數增加而面臨乾旱,比如美國從每20年出現一次乾旱,縮短成每2~3年就有一次乾旱。

極端天氣事件

極端天氣事件不但會變得更多,程度也會更為嚴重。自1980年代開始,被列為最嚴重等級的颶風數量便一直增加,隨著氣候變暖,所產生的颶風也會愈來愈多。

冰山融化

預估本世紀中期,北極的冰就會在夏季全部融化。到了2100年,海平面會上升2.5公尺,地勢較低的海岸與許多島嶼都會被淹沒。

海中生物減少

隨著海水溫度上升,水中的二氧化碳濃度增加,海水會變得比較酸,讓許多海洋生物消失。海水溫度只要增加攝氏1.5度,珊瑚礁就會減少70~90%。

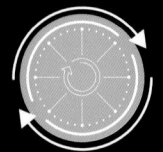

季節變換

地球繞太陽公轉時，略朝一側傾斜。地球的其中半側會連續6個月都朝向太陽，接著朝向另外一側，因而產生季節變化。

繞太陽公轉
地球軸心的傾斜角度為23.5度。

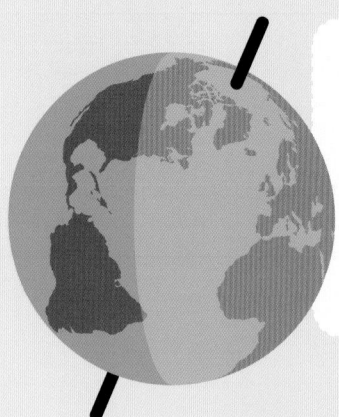

6月
北半球朝向太陽，此時北半球接收到較多的太陽能量，因此北半球處於夏天，南半球則是冬天。

天氣變化
季節變化連帶改變了天氣環境。春天時，天氣變得較暖，樹木冒出新芽。夏天通常是最溫暖的時刻，樹木這時長得最茂盛。到了秋天，氣溫開始下降，樹葉變成褐色，漸漸飄落。冬天是最冷的時候，樹木的葉子都掉光了，且通常處於休眠狀態。

晝夜長度改變
各地一整年的白天長度，也會因地球傾角而改變。

約在6月21日，北半球迎來整年中最長的白天，南半球則會出現最短的白天。日照最長的一天稱為夏至。

約在12月21日，北半球迎來整年中最短的白天，南半球則出現最長的白天。日照最短的一天稱為冬至。

約在3月21日和9月21日，南、北半球的晝夜都等長，分別稱為春分和秋分。

3月

地球側向太陽，南半球是
秋天，北半球是春天。

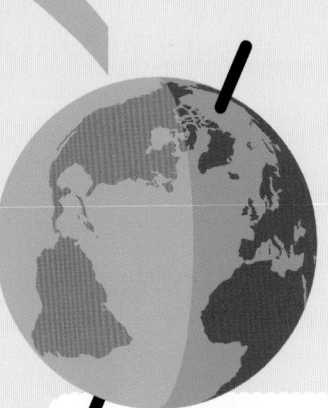

12月

南半球朝向太陽，獲
得較多的太陽能量，
因此南半球是夏天，
北半球是冬天。

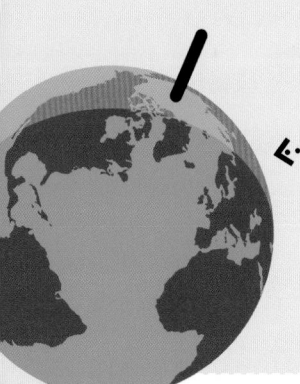

9月

地球側向太陽，北半球是
秋天，南半球是春天。

夏天的北半球，北極
附近的區域24小時都
是白天⋯⋯

⋯⋯與此同時，南極
附近有些區域24小時
都是夜晚。6個月後
兩地的畫夜長度會顛
倒過來。

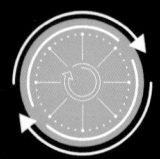 # 颶風與颱風

熱帶地區溫暖潮溼的空氣會漸漸累積，形成非常強烈的暴風雨。這些我們所知的熱帶氣旋，會隨它們形成的所在位置，而被稱為颶風、颱風或氣旋。

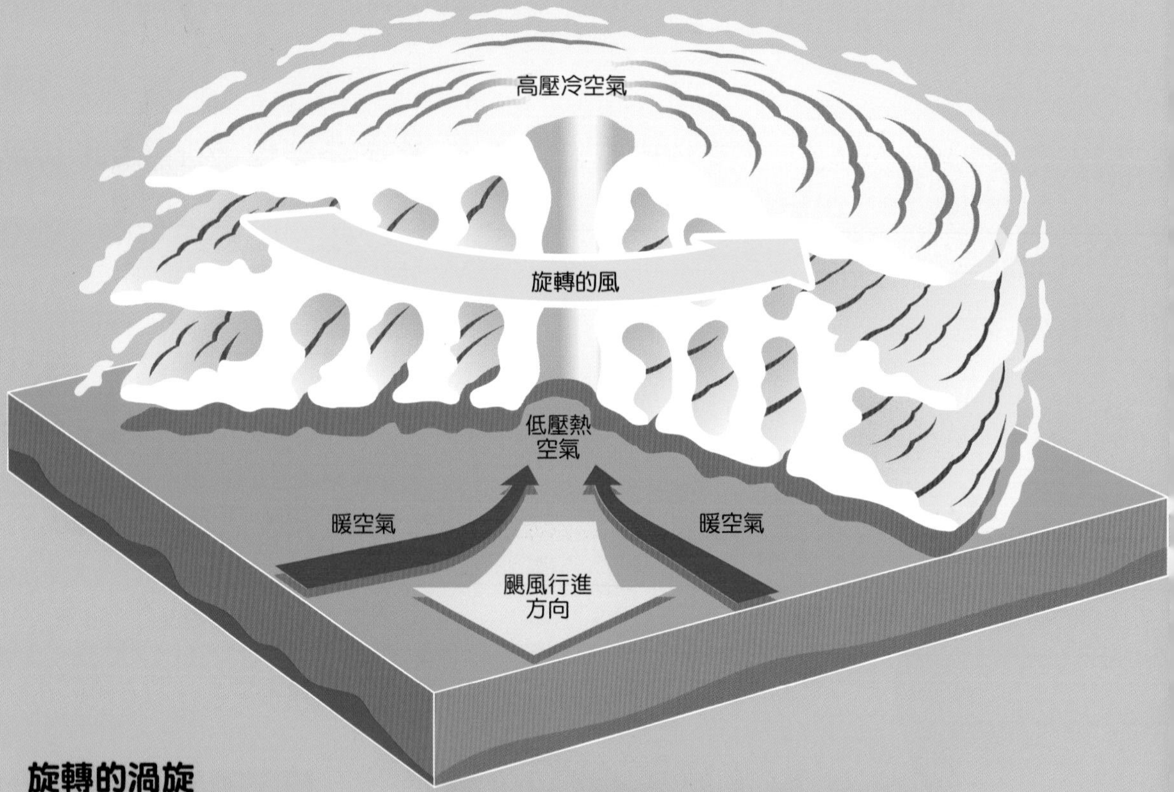

高壓冷空氣

旋轉的風

低壓熱空氣

暖空氣　　　暖空氣

颶風行進方向

旋轉的渦旋

溫暖潮溼的空氣漸漸累積，接著會開始旋轉。雲層逐漸堆積，風速也逐漸加快，風速達119公里時，就會形成熱帶氣旋；它的中心通常比較晴朗無雲，稱為風眼，厚重的雲層則繞著風眼不斷旋轉。

暴風分級

熱帶氣旋的強度依據風速分成五級。
第一級：風速每小時119~153公里。
第二級：風速每小時154~177公里。
第三級：風速每小時178~208公里。
第四級：風速每小時209~251公里。
第五級：風速每小時超過252公里。

順時鐘與逆時鐘

柯氏效應讓熱帶氣旋朝不同方向旋轉，方向取決於它們是在南半球還是北半球成形。北半球的暴風呈逆時鐘旋轉，南半球的暴風則是順時鐘旋轉。

北　　南

颶風　　颱風　　颱風

氣旋　　氣旋

狄普颱風是史上最大的熱帶氣旋。它在1979年10月形成，漸漸擴大為直徑2,220公里的颱風，最高風速達每小時305公里。

風暴的名稱

在北大西洋、北太平洋中部與東部形成的熱帶風暴，稱為颶風。在北太平洋西部形成的風暴稱為颱風，在南太平洋與印度洋形成的風暴則稱為氣旋。風暴一達到熱帶氣旋的標準，我們就會幫它取個名字。風暴名字按字母順序排列，通常每6年就可再次使用。不過，超強風暴的名字可能會就此停用。

逼近陸地

當風暴逼近陸地時，沿岸地區會遭到強風大浪的襲擊。它也會引發猛烈的暴風激浪，讓大量海水湧上陸地，造成淹水。隨著風暴進入陸地上空，它無法再吸收潮溼的暖空氣，威力就會漸漸減弱。

大風

暴風激浪

龍捲風是威力強大的旋轉氣柱，移動時會撕裂建物，並在所到之處留下慘重災情。

雷雨雲

漏斗狀的龍捲風

沒有人確切知道龍捲風是如何形成，但它們常在稱為「超大胞」的巨大風暴雲下形成。超大胞會產生以漏斗狀旋轉的氣流，延伸到地面就會形成龍捲風。由於龍旋風是由旋轉氣流形成，因此常常無法得見，只有在它吸進灰塵碎片和水蒸氣時，才會出現人眼可見的漏斗狀或柱狀體。在不斷旋轉的氣柱中，低壓區域所產生的上升氣流會帶來毀壞。大部分的龍捲風只會持續幾分鐘，移動範圍不超過5公里。然而有些龍捲風會持續數小時，移動距離甚至長達150公里。

冷空氣

逆時鐘旋轉

側風

暖空氣

龍捲風成形的時間不定，晝夜都可能發生，但最常出現在下午4點到晚上9點間。

旋轉氣柱

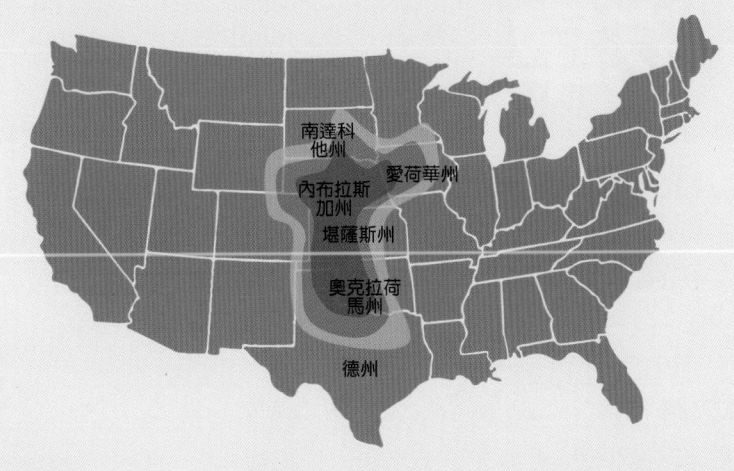

龍捲道
美國每年約有1,200個龍捲風,大部分都發生在稱為龍捲道的地區,包括位居美國中部的幾個州,比如德州、奧克拉荷馬州、堪薩斯州、南達科他州、愛荷華州和內布拉斯加州。

龍捲風的等級
氣象學家使用改良藤田級數(簡稱EF),依3秒陣風的最快風速為龍捲風的強度分級。

EF級數	3秒陣風	災害
0	每小時104~137公里	無害或輕度災害
1	每小時138~177公里	中度災害
2	每小時178~217公里	可觀災害
3	每小時218~266公里	嚴重災害
4	每小時267~322公里	極端災害
5	每小時323公里以上	建物全毀

最強烈的龍捲風風速可達每小時480公里,足以將樹木連根拔起,掀開建築屋頂,把車輛拋到數百公尺之外。史上死亡人數最高的龍捲風是1989年在孟加拉出現的龍捲風,它摧毀了20個村鎮,並造成1,300人喪命。

水龍捲
在湖泊或海上成形的龍捲風會吸起旋轉水柱,形成水龍捲。

乾旱

當一個地區降雨量稀少甚至沒有降雨，就是乾旱時節。乾旱不像颶風或颱風，不會立刻造成影響，但也會帶來相當大的危害。

乾旱效應

降雨量非常稀少時，土壤會失去水分，植物會死亡，如果沒有其他灌溉方式，農作物也難以存活。當只有少數植物的根部抓住土壤，土地就會出現裂縫，變得鬆散，容易被強風吹走，形成巨大的塵霧。長久下來，土地就會變得貧瘠，只剩少數植物能夠存活。

難民

乾旱地區的居民缺乏食物和水，不得不離開家園尋找食物與飲用水。極為嚴重的乾旱會迫使數百萬人遠離家園數百公里。

塵暴區

美國在**1930**年代經歷了一場長期乾旱，期間大量農作物遭到摧毀，大部分的表土也被吹散。被吹起的表土形成足以籠罩許多城鎮和農場的巨大塵暴，迫使數千人離開家園，四處尋找工作和食物。史稱「黑色風暴」事件。

科羅拉多州
堪薩斯州
新墨西哥州
奧克拉荷馬州
德州

塵暴區

塵暴破壞的區域

乾旱事件

氣候變遷帶來比過去更溫暖的氣候，降雨量減少，使湖泊和河流水位降低，連帶造成乾旱。人類活動會讓乾旱的情形更加頻繁。低劣的農耕技術則會破壞、侵蝕土壤，降低土壤的保水度，無法吸收雨水等水分。

每年都有約5,500萬人受乾旱影響，而全球多達40％的人口面臨缺水威脅。到了2030年，預計約有7億人會因乾旱問題被迫離開家園。

地球洋流會形成渦流，影響周圍地區的天氣狀況。洋流模式的改變會在地球各地引發相當嚴重的衝擊，比如太平洋出現聖嬰現象時。

正常情況

一般來說，太平洋上的風會朝西吹，把海面溫暖的海水推向亞洲和澳洲，使得溫度較低的海水沿著南美洲的沿岸上升到表面。微小的浮游生物仰賴這些海水帶來的養分維生，進一步吸引體形較大的海洋動物，因此這些海域適合從事漁業。

太平洋西部的溫暖海水為印尼和新幾內亞帶來雨水，而東部偏冷的海水則讓南美洲的氣候乾燥。

聖嬰原文El Niño指的是
「小男孩」或
「耶穌之子」，
這是因為聖嬰現象通常在聖誕節前後發生。

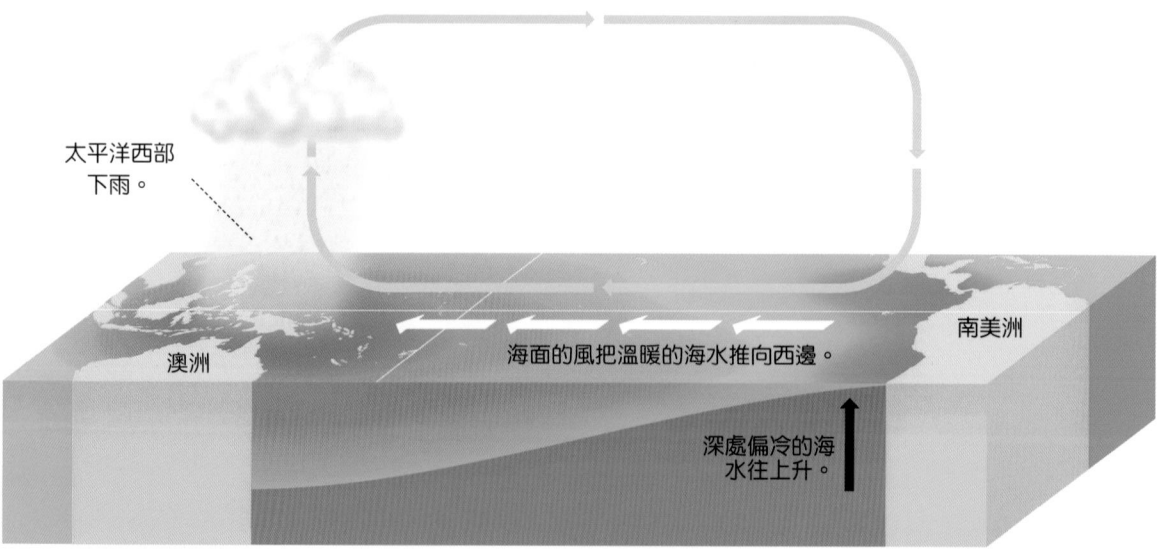

太平洋西部下雨。

澳洲

海面的風把溫暖的海水推向西邊。

南美洲

深處偏冷的海水往上升。

聖嬰

發生聖嬰現象時，往西吹的風變弱，溫暖的海水退回南美洲。因此，深處偏冷的海水無法上升到南美洲沿岸，也就不會把養分帶到這些地區，使得許多魚類無法生存。

溫暖的海水會為南美洲帶來雨水，有時甚至會造成大豪雨，引發嚴重淹水。而在太平洋的另一端，降雨量減少則會引發乾旱。

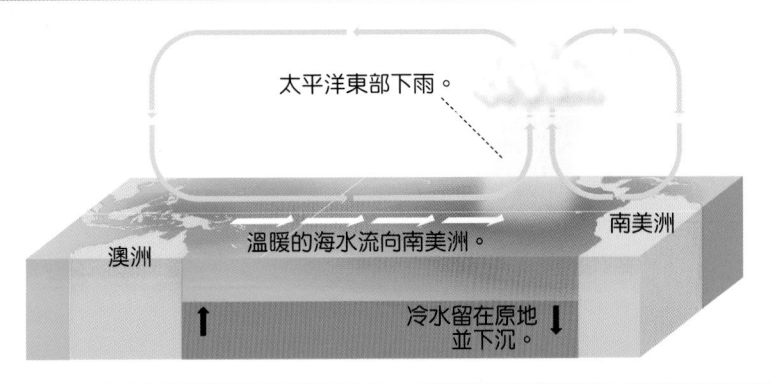

太平洋東部下雨。

溫暖的海水流向南美洲。

澳洲

南美洲

冷水留在原地並下沉。

全球效應

聖嬰現象非常劇烈時，就連遠方的區域也能感受到它的威力，像是北方阿拉斯加的漁業也會受到影響，美國西岸會面臨強烈風暴，美國中西部則會出現溫暖的冬天。它也會影響印度洋的季風，甚至讓非洲雨季的降雨量大增。

每隔2~7年就會出現
聖嬰和反聖嬰現象，
通常會持續9~12個月。

反聖嬰現象

反聖嬰現象帶來與聖嬰現象相反的氣象。此時往西吹的風比平時更加強烈，把更多溫暖海水吹向亞洲和澳洲，南美洲沿岸的海水則比平常更加寒冷。

太平洋西部降雨量大增。

澳洲

南美洲

不尋常的海面強風將更多溫暖的水推向西邊。

第六章

生氣蓬勃的地球

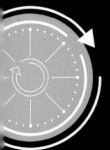

各式棲地組成的世界

地球在宇宙中具有特別的地位,因為它是我們所知唯一有生命的地方。這裡有各式各樣的生物,分別居住在不同的棲地,從冰冷的極區到炎熱的熱帶地區都有生命存在。

棲地是什麼?

一個地方只要有一種生物居住,就稱為棲地。棲地提供生物生存所需的一切,包括水、食物、足夠的生活空間和遮風避雨的地方。這些生存條件會影響生物的行為模式與外觀。

一個地區的特定棲地特色,取決於該棲地的氣候,以及它所處的地理位置。靠近赤道的地區,氣候比靠近極區的地方溫暖,而一個地區的降雨量則會決定它成為濃密森林,還是荒蕪的沙漠棲地。

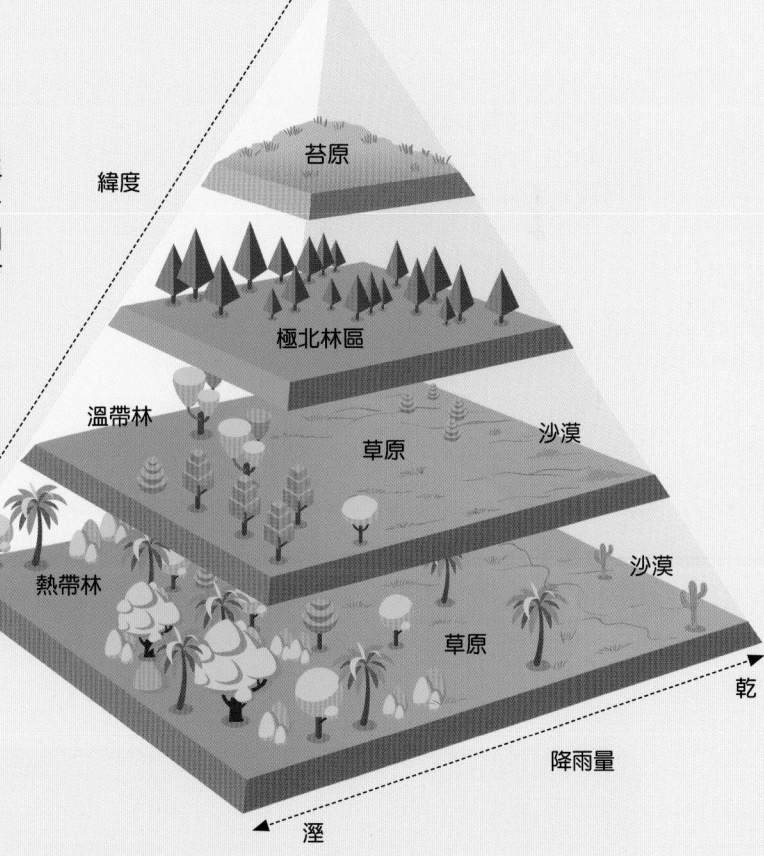

極區

緯度

溫帶林

草原

沙漠

熱帶林

草原

沙漠

赤道

溼

降雨量

乾

苔原

極北林區

適應

當生物適應某種棲地的環境,它們的生存機率就會增加。比方說,針葉樹外觀呈三角形,因此積雪量不會太大,比落葉樹更適合生活在寒冷環境。住在寒冷棲地的動物已習慣當地氣候。麝香牛身上有厚厚的毛,在寒冷的極區苔原也能幫助牠保持溫暖。

沙漠

沙漠也稱為荒漠，是降雨量非常稀少的地區。乍看之下，這些乾燥地區不適合生存，但許多動植物依然仍夠在此繁衍茁壯。

炎熱乾燥的沙漠：這類沙漠全年溫暖乾燥，比如北非的撒哈拉沙漠，以及北美的莫哈維沙漠。

半乾燥沙漠：這些地方的氣候比炎熱乾燥的沙漠涼爽些，夏天炎熱而漫長，冬天涼爽而且會有一些降雨。格陵蘭、北美、歐洲和亞洲都有這種沙漠。

沿岸沙漠：這些沙漠被來自海洋的濃霧籠罩，但降雨量卻非常低，比如南美洲的亞他加馬沙漠。

寒漠：全年氣溫都非常低，也非常乾燥。南極大陸的寒漠是世上最大的沙漠。

沙漠生活

住在沙漠的動植物發展出適應嚴酷環境的身體特徵，因此得以在沙漠生活。

仙人掌

仙人掌有厚厚的表皮，好像上了蠟似的，可以反射太陽光，減少水分流失。它們也有厚實的莖來儲存水分。仙人掌的莖葉布滿尖刺，以防被動物吃掉。它們的根很長，可觸及地底深處的水分。

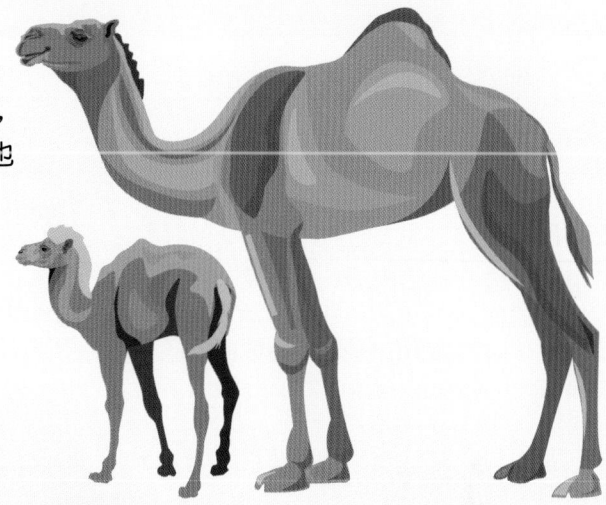

駱駝

駱駝的腳掌很大，因此不會陷入沙中。為了擋住沙塵，牠們有很長的睫毛，耳朵長了很多毛，還能關閉鼻孔。就算一整個星期都沒水喝，也沒有關係。牠們用駝峰儲存脂肪，長期不進食也能生存。

主要沙漠

	戈壁沙漠（東亞） 129.5萬平方公里
南極寒漠（南極洲） 1,420萬平方公里	喀拉哈里沙漠（非洲南部） 90萬平方公里
北極荒原（北美洲、歐洲和亞洲北部） 1,390萬平方公里	納米比沙漠（非洲南部） 16萬平方公里
撒哈拉沙漠（北非） 920萬平方公里	亞他加馬沙漠（南美洲） 14萬平方公里
阿拉伯沙漠（西亞） 233萬平方公里	莫哈維沙漠（北美洲） 12.4萬平方公里

 森林

世界各地的森林棲地隨一整年的氣候變化而有不同面貌。

熱帶森林

熱帶雨林位在赤道附近，整年都溫暖潮溼的地區。生長在這些森林中的樹木，比如桃花心木和黑檀木，都有著寬闊的葉子。這些葉子擋住大量的陽光，為地面遮蔭，因此下方比較陰暗。此處植被濃密，分成許多層。

人類所知的地球生物中，有**10%**以亞馬遜雨林為家，它涵蓋了南美洲**40%**的面積。

突出樹：有些特別高大的樹木會凸出於主林冠之上。

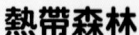

主林冠：大部分樹木的枝葉都位在這兒。

下層植物：主要由灌木和小樹組成。

林地：能夠穿透下來的陽光稀少，只有少數植物能夠生存。

寒帶針葉林

面積廣大的寒帶針葉林橫跨亞洲、歐洲、北美洲北部。這裡的冬天漫長而寒冷，夏天氣候溫和但非常短暫。這裡的樹，比如冷杉和松樹，都具有像上了蠟似的針狀葉，全年都不會落葉。

溫帶林

溫帶林位在熱帶與極區之間的地區。冬天有時很冷，但有溫暖的夏天。這些溫帶林有常綠樹也有落葉樹，落葉樹的葉子會在秋天掉落，到了春天再長出來。

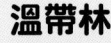

溫帶雨林

溫帶雨林位在比較涼爽且降雨量大的地區，比如北美洲西北部的沿岸地區和紐西蘭。這些森林中長著常綠樹或落葉樹，而林地上長滿了小型灌木、苔蘚和蕨類。

草原

所有大陸中央都有廣大的草原地區,有溫帶草原也有熱帶草原,許多體型龐大的草食性動物都以草原為家。

禾草

禾草是非常強韌的植物,可以在大陸中央地區偏乾燥的氣候下生存。偏乾的氣候使得樹林無法形成廣闊的森林。禾草生命力強,不管遭逢乾旱、水災、嚴寒的天候、大火,或動物啃食,都能生存下去。禾草在靠近地表或地表下生長,即使上端被動物吃掉也沒關係。

熱帶草原

熱帶草原位在赤道附近的地區,一年只有兩季:雨季和乾季。這兒的植物和動物必須度過長期乾旱,為了適應環境,有的動植物能在體內儲存大量的水,即使在乾季也能生存,其他動物則會在乾季遷徙到其他降雨的地區。

溫帶草原

在北美洲稱為大草原，在亞洲則叫做乾草原，南美則稱為彭巴草原，它們都屬於溫帶草原，有寒冷的冬天和溫暖的夏天。此區的肥沃土壤讓這些地方成為發展農牧業的絕佳地點，大部分的棲地都變成廣大的農田，種植玉米或小麥等作物。

草原土撥鼠成群住在美洲大草原的地下巢穴，英文稱為鼠鎮。其中一個鼠鎮估計住了多達**4億隻**草原土撥鼠。

大規模遷徙

許多草原動物習於群居，聚集成龐大團體，以便對抗掠食者。在非洲的塞倫蓋提地區，約有150萬頭牛羚和20萬頭羚羊及斑馬，會從乾燥地區移動到降雨地區，形成大規模的遷徙活動。

每年約有
25萬頭牛羚
和**3萬頭斑馬**，
會在遷徙過程中遭獅子、鱷魚、獵豹等掠食動物殺死。

山岳

當地球板塊撞擊彼此，或威力強大的火山爆發時，就會形成山脈。有的山脈沿著大陸邊緣沿伸，有的則形成比周圍地區都突出的獨立山峰。

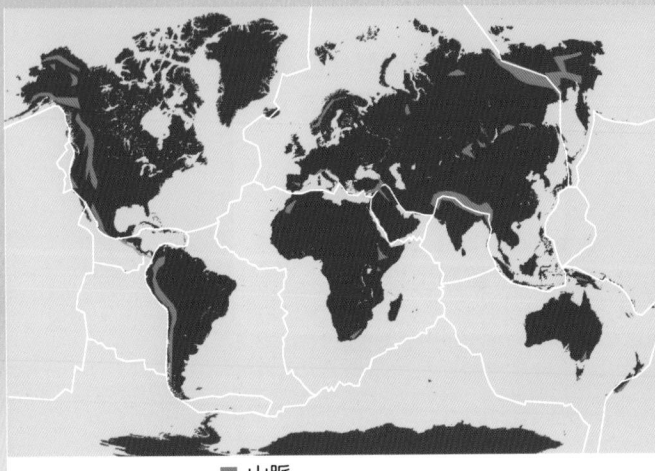

■ 山脈

各洲最高峰

亞洲
聖母峰
8,850公尺

南美洲
阿空加瓜山
6,962公尺

北美洲
德納利山
6,194公尺

歐洲
厄爾布魯士山
5,642公尺

南極洲
文森山
4,897公尺

按海拔高度分區

氣候會隨高度上升而改變，因此不同高度的地區，會擁有截然不同的動植物。

位於熱帶地區的山脈，底部是濃密的雨林。隨著海拔高度增加，變成亞熱帶常綠林，接著是落葉闊葉林。再上去是常綠針葉林，這裡是樹林生長的最高高度。再上去就是亞高山草原和沒有樹的高山草原，接著是高山苔原。最頂端是終年不化的雪和冰河，即使位在赤道的高山，比如吉力馬札羅山，也是如此。

終年不化的雪與冰河

高山草原

亞高山草原

針葉林

落葉闊葉林

亞熱帶常綠林

副赤道雨林

非洲
吉力馬札羅山
5,895公尺

大洋洲
卡茲登茲峰
4,884公尺

在嚴酷的環境中生存

在布滿碎石的險峻山區移動是非常危險的事，因此許多生活在山區的動物不但行動敏捷，而且腳步非常穩健。歐洲山羚和高地山羊等動物，都能爬上近乎垂直的山坡，不會失足跌落。

登山時，氣溫有可能陡降，因此很多在山上生活的動物，比如駱馬和雪豹，身上都有厚厚的皮毛抵抗寒冷的氣候。

極區

地球的頂端和底部是兩個天寒地凍的棲地，冬天漫長且一片黑暗，完全看不到太陽升起。但一到夏季，這些地方就變得生機蓬勃，花朵綻放，許多動物會到這裡繁衍後代。

極地苔原

北極被厚厚的冰層覆蓋，但在靠近南端處則有叫做苔原或凍原的地區。地表下的土壤全年結凍，大樹無法在這兒生長，會挖地洞的動物也無法到地下躲避嚴酷的氣候。此外，水分也被留在地表，無法流淌匯集成沼澤或湖泊。

動物來訪

春天時分，溫暖氣溫會融化上層土壤，花朵得以綻放。成群結隊的馴鹿和數量龐大的鳥類都會來此覓食，也吸引掠食者到來，蚊子也會來吸這些動物的血。秋天氣溫再次下降，這些動物會再次往南遷徙，躲開最寒冷的時節。

北極燕鷗會在北極和南極之間遷徙，每年都飛行長達90,000公里。

北極冰

北極周圍沒有陸地，這兒的海洋終年被一層厚厚的冰塊覆蓋，然而隨著地球氣候暖化，冰塊量正漸漸下降。海豹和海象會在冰原上休息，而北極熊會在冰原上行進，尋找獵物。

北極熊的毛其實是半透明的（近似透明），我們眼中的北極熊之所以是白色，是因為牠們的毛會反射可見光，在冰塊和雪地上具有保護色的功能。

北極海的冰塊正以每10年就減少**13.1%**的速度消失。在**1979**年，北極的冰量平均為**705**萬立方公里。到了**2020**年，已減少為**392**萬立方公里。

南極

南極是地球上風速最強勁也最寒冷的大陸。只有少數動植物能在這個嚴酷環境中生存，牠們都是被夏季養分豐富的海水吸引而來。皇帝企鵝會在南極的冰原上產卵，當企鵝媽媽前往海中覓食並恢復體力時，企鵝爸爸會負責孵卵並照顧新生的企鵝寶寶，幫助牠們抵抗寒冷的天候。

全球史上最低溫是**攝氏零下89.2度**，這是 **1983年7月21日**，在南極的沃斯托克考察站測得的紀錄。

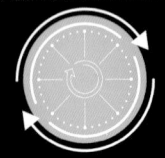

海洋棲地

地球71%的面積都是海洋，但我們至今對海洋的探索仍相當有限。廣大的海洋擁有非常多元的棲地，有滿是珊瑚礁的地區，也有像墨水一樣黑的深海世界。

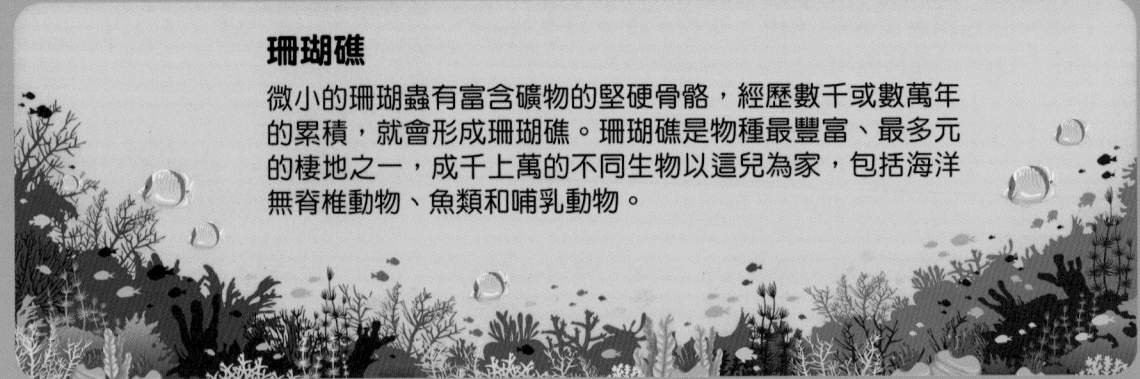

珊瑚礁

微小的珊瑚蟲有富含礦物的堅硬骨骼，經歷數千或數萬年的累積，就會形成珊瑚礁。珊瑚礁是物種最豐富、最多元的棲地之一，成千上萬的不同生物以這兒為家，包括海洋無脊椎動物、魚類和哺乳動物。

浮游生物

海中食物鏈的第一級是浮游植物。它們利用陽光，把二氧化碳和水轉化為糖分，這個過程就稱為光合作用。有時這些浮游植物的數量會大幅增加，甚至從太空也看得到它們形成的藻華。

浮游植物大增時，會吸引比較大的生物，包括浮游動物和魚類，牠們會食用浮游植物和其他被吸引過來的生物。

海草和巨藻

海草生長在近岸的海床上，是種會開花的水中植物。貝介類和其他無脊椎動物以海草為家，同時魚類、哺乳動物（比如海牛）和綠蠵龜等爬蟲類都會以海草為食。屬於藻類的巨藻有長長的藻葉，形成濃密的水中森林，為蝦和海豹等海中生物提供遮蔽和食物。

深海與海床

隨著深度增加，光線很快就在海中消失，深度200公尺的海洋變得相當昏暗，而到了1,000公尺以上就陷入絕對的黑暗。在這兒生活的生物已適應環境，有些會自行製造光源吸引獵物、嚇跑掠食者，或與彼此溝通。

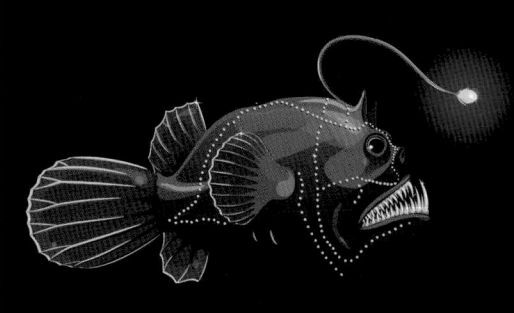

深海鮟鱇魚頭部上方的觸鬚會發出亮光，在水中晃動時會吸引獵物靠近牠們的下巴。

開闊大洋

遠離陸地的外海擁有的養分較少，但仍能支持許多生物；但與靠近海岸的地區相比，外海的生物數量較少。在某些區域，來自深海的養分會往上升，比如靠近陸棚的地方；發生這種情況時，浮游植物會大量繁殖並形成藻華，吸引許多海洋生物前來覓食，其他動物也會因此被吸引過來。

名詞解釋

3畫

大氣
圍繞在行星或衛星等太空物體周圍的一層氣體。

4畫

元素
由單一原子組成的物質，比如氧、鉛和碳。

化合物
由兩種以上的元素組成的物質。

反照率
物體表面反射陽光的程度。鏡子等明亮光滑的表面會反射大量陽光，反照率很高。

太陽系
指太陽和繞太陽公轉的八大行星以及無數顆小石塊和冰。

火山泥流
火山岩、泥漿和水形成火山泥流，沿火山側邊下滑造成山崩，通常發生在大雨之後。

火山碎屑流
火山噴發時，極為炙熱的氣體、灰塵和岩石有時會形成濃厚雲層，沿火山斜坡往下流動，燒灼沿途經過的一切物體。

火山彈
火山噴發時往外拋出的大石頭，它們撞擊地面時會產生爆炸般的威力。

火成岩
熔岩在地下或地表冷卻後形成的岩石。

5畫

永凍層
也稱為永凍土，全年結凍的岩石土壤層。

6畫

光合作用
植物透過葉綠素把陽光、水和二氧化碳轉化為氧和糖的過程。

冰河
移動得非常緩慢的巨大冰塊。

地下水
地表下的水，不是困在含水層，就是以非常緩慢的速度流向低處，最終流進湖泊和海洋。

地函
也稱為地幔，衛星或行星內部介於地殼與核心之間的區域。

地核
行星、衛星或恆星的中央區域。

地殼
行星或衛星的外層。

7畫

含水層
地下富含水分的岩石層。

吸積作用
某個東西吸取其他物質，變得愈來愈大。行

星剛成形時藉由自身重力，將更多的岩石、灰塵和氣體吸引到自己身上。

沉積作用
小石礫等沉積物落在河床、湖底或海底的現象。

沉積岩
小石礫落地後，被擠壓在一起而形成的岩石。

沙嘴
一塊朝海伸出的狹長平緩陸地。

系外行星
繞太陽以外的恆星公轉的行星。

8畫

呼吸作用
生物利用氧與糖，產生二氧化碳、水並釋放能量的過程。

岩漿
地表下的熔岩。

放射性
若一個物體會以粒子或能的形式散發輻射，就具有放射性。

板塊
組成地殼的大型岩板。這些板塊會移動、分離、撞擊或摩擦彼此。

板塊構造理論
組成地殼的巨大岩板移動、與彼此作用的過程。

板塊邊界
夾在不同板塊之間的區域。

沿岸漂移
因海浪拍擊海岸，使沙石和其他海灘岩屑以特定角度沿著海岸移動的現象。

9畫

流星
在地球大氣層燃燒的岩塊。

苔原
靠近極區或高山上的地區，地表下的土壤終年結凍，樹木無法生長。

軌道
一個物體繞行另一個物體的路徑，比如月球繞地球運行的軌道。

10畫

原行星
剛開始成形的行星。

振幅
波的大小，比如聲波或地震引發的衝擊波大小。波愈大，振幅就愈大。

氣候
一個地區長期的整體天氣狀況。

氣候變遷
地球氣候的變化，特別是因二氧化碳等溫室氣體增加，使全球氣溫上升的現象。

浮游動物

微小的海中生物，通常是小型貝介類或幼魚。

浮游植物

生活在水中的微小生物，藉由光合作用產生糖，並從中獲得能量。

海蝕柱

海面上因海蝕拱坍塌而留下的石柱。

海嘯

因海中地震或火山爆發而引起的巨浪。海嘯可行進數千公里，在源頭的另一端造成嚴重破壞。

11畫

逕流

在地表流動的水。

12畫

棲地

動植物生活、成長的自然環境。

超大胞

一種不斷旋轉且能夠造成龍捲風的大型暴風雨。

超級火山

足以噴出超過1,000立方公里的熔岩、灰塵、氣體和其他火山物質的超大火山。

間歇泉

地下水被火山活動加熱後，壓力增加，從地面的洞口噴出蒸氣和泉水。

隆起

就地質學而言，岩石受力上推的過程稱為隆起。

13畫

極光

來自太陽的帶電粒子與地球大氣的分子產生作用，在天空中出現的帶狀光芒。

溫室氣體

造成溫室效應的氣體，這些氣體會把太陽能量留在大氣中，比如二氧化碳和甲烷。

溯源侵蝕

河流或瀑布造成的侵蝕現象，讓下陷的山谷或峽谷朝河流源頭擴張。

隕石

穿過地球大氣、落在地表的岩塊。

14畫

漂礫

被冰河搬移到別處再拋下的岩石，不同於附近的岩石種類。

熔岩

火山噴發時衝出地表的岩漿。

磁層

行星磁場涵蓋的周圍區域，所有靠近行星的帶電粒子都會受到影響。

聚合邊界

兩個板塊撞擊彼此的板塊邊界。

蒸散作用

指水分從植物的葉、莖和花朵蒸發的現象。

蝕

當一個天體經過另一個天體前面，擋住來自太陽的光線，就會出現蝕的現象。當月球經過地球與太陽之間，擋住太陽的光，就會形成日蝕。

15畫

潟湖
被一道長長的沙洲或岩石擋住,以致與海分離的水體。

熱帶氣旋
熱帶海洋上方形成的大型旋轉風暴,風速每小時可達數百公里,也稱作颶風、颱風或氣旋。

熱點
位在板塊中間,地殼比較薄的區域,熔岩可從這裡上推形成火山。

適應
生物透過自行發展或遺傳得到某種特徵,讓自己更適合生活的環境。

震央
地震源頭或中心正上方的地面一點。

震波
地震產生讓地面振動的波,會像池塘中的漣漪一樣,從震央往外擴散。

震源
位於地下的地震源頭。

17畫

壓實作用
沉積岩形成時會發生壓實作用,此時上方岩層的壓力把下面的岩石粒子擠壓在一起。

糞化石
化石化的動物糞便。

隱沒
指一個板塊被壓到另一個板塊下方,陷入地函。

擴張邊界
兩個板塊漸漸分離的板塊邊界。

18畫

轉形板塊邊界
兩個板塊彼此摩擦的邊界。

20畫

礦物
地球岩石中自然形成的物質,比如錫、鐵和鹽。

23畫

變質岩
受高溫和/或高壓影響而改變結構的岩石。

索引

致謝名單

圖片來源

FC：封面，BC：封底，t：上方，b：下方，l：左邊，r：右邊，c：中間。

所有圖片皆取自Shutterstock.com，除非另有說明。

6br TaLyDes, 7 BlueRingMedia, 8 Mopic, 9 Vectomart, 13b Diego Barucco, 15br Vector Tradition, 16b Natali Snailcat, 17t Pablo Prat, 17b REANEW, 18-19t Lisitsa, 18b, 19 Alhovik, 20-21 Kolonko, 22 Designua, 23t NTL studio, 23bl Peter Hermes Furian, 23br fredrisher, 24 Den Zorin, 25cr VectorShow, 25b GoodStudio, 26-27b Vlasov_38RUS, 30-31 trgrowth, 30br Rvector, 32-33t VectorMine, 33tr Fouad A. Saad, 32-33b trgrowth, 34tr Vector Tradition, 34-35b Designua, 35t Porcupen, 37b EreborMountain, 38 Designua, 38-39 Nsit, 41br Agil Leonardo, 42bl Tatsiana Tsyhanova, 42r Amanita Silvicora, 43b HappyPictures, 44 SaveJungle, 45tl BSVIT, 45tr laverock, 45br Walnut Bird, 46-47 Kavic.C, 48 MicroOne, 49t astudio, 49b VectorMine, 51 Kavic.C, 52-53 stihii, 53tr Panda Vector, 53bl La Gorda, 53br Arctium Lappa, 54b, 55tl, 55bl Kavic.C, 55r lady-luck, 56tl jkcDesign, 56tc BlueRingMedia, 56cr toshkastock, 57tl newelle, 57tr Tancha, 57bl jagoda, 58b NeutronStar8, 59t Hennadii H, 59bl Blue bee, 59br suriyo tataisong, 60 ActiveLines, 61tl Magicleaf, 61tc Amanita Silvicora, 61tr MicroOne, 61b Spreadthesign, 62-63 Oceloti, 62bl Anatolir, 64-65 zombiu26, 65tr Tetreb88, 65cr moj0j0, 65br GoodStudio, 68bl KittyVector, 68br curiosity, 69b Nasky, 70bl Alfmaler, 70-71 zombiu26, 71tr Nenilkime, 72-73 VectorMine, 75t wickerwood, 75b Art Berry, 77br Sentavio, 78-79 zombiu26, 81b Amadeu Blasco, 82-83 BigMouse, 83t StockSmartStart, 83b wickerwood, 84 MarySan, 85tl Sudowoodo, 85tr VectorShow, 85b, 86-87 Macrovector, 88tr Sunny_nsk, 88cl ByEmo, 88br Anna.zabella, 89tl Svetla, 89bl kuroksta, 89br MarySan, 91br humanart, 92t BlueRingMedia, 92b K3Star, 93t vectortatu, 93c ActiveLines, 93b AnnstasAg, 94-95 Natali Snailcat, 94c Alfmaler, 95tl Pandum, 95tc Alhovik, 95tr VikiVector, 96l MarBom, 96-97 fluidworkshop, 98 Colin Hayes, 99br m. malinika, 102-103 GraphicsRF.com, 103br Sarema, 104, 105 J. Marini, 105cr Natali Snailcat, 106 ActiveLines, 107tr zombiu26, 107bl OK-SANA, 107br A7880S, 108t Zvereva Yana, 108b Lidiia, 109tl Ara Hovhannisyan, 109tr Hennadii H, 110-111 BlueRingMedia, 111tl WPAINTER-Std, 111cr Kirill Kalchenko, 111br kareemov1000, 112-113 adisetia, 112tr Annari, 113tl BlueRingMedia, 113tr Adazhiy Dmytro, 113cr Shanvood, 115tr alinabel, 115b Rhoeo, 116cr serkan mutan, 116b, 117t AnnstasAg, 117b AQ_taro_neo, 118t Natali Snailcat, 118bl WhiteDragon, 119tl suriyo tataisong, 119tr Bourbon-88, 118-119b irkus